Días

Iñaki de Juana Chaos

Días

Izenburua: Días.
Egilea: Iñaki de Juana Chaos

Azala: Esteban Montorio sobre dibujo de Xabier Ugarte Billar

Argitaratzea:
Editorial Txalaparta s.l.
Navaz y Vides 1-2
78. Postakutxa
31300 Tafalla
NAFARROA
Tfnoa. 948 703 934
Faxa 948 704 072
txalaparta@txalaparta.com
http://www.txalaparta.com
Txalapartaren lehenengo edizioa
Tafalla, 2000ko martxoa

Fotokonposaketa
arte 4c
Fotomekanika
arte 4c
Inprimaketa
Gráficas Lizarra

I.S.B.N.
84-8136-161-5
Lege gordailua
NA. 686-2000

52

A todas las madres de todos los presos que sufren con humildad y en silencio, más que sus propios hijos.

A la mía.

No aseguro que sea la verdad. Únicamente es mi verdad, y así la vivo y la cuento.

Introducción

Hace muchos años que no me pongo en contacto contigo. Echo en falta aquellas largas conversaciones de madrugada, de cara al mar, de cara a la montaña. Siento nostalgia del olor a salitre, a tierra, a yerba mojada. Del tacto del viento y de la lluvia, de la belleza de los árboles y de las rocas, de la alegría de nuestras gentes. Siento nostalgia de Euskal Herria.

Aquí, además, también pretenden anularte los sentidos, las sensaciones, que por el contrario se desatan con más brío. No sólo se resisten a morir, sino que adquieren una mayor sensibilidad para apreciar las pequeñas-grandes cosas de la vida. Detalles que apenas apreciabas cuando estaban a tu alcance, dejan de pasar desapercibidos en el momento en que los pierdes. El arraigo de los sentidos es parte esencial de nuestra capacidad de resistencia.

Pero hoy estoy decidido a charlar extensamente contigo, así que no me voy a dejar arrastrar por la ensoñación, no sea que tenga que interrumpir nuestra conversación para secarme las lágrimas. Cuando aún era pequeño se decía que los hombres no lloran. Afortunadamente las cosas han ido cambiando, ya que de lo contrario ahora tendría graves problemas de identidad. Eso sí, nunca he llorado por mí, ni tengo motivos para hacerlo, pero lo he hecho, y mucho, por amigos, por personas queridas y por Euskal Herria. Sobre todo por Euskal Herria.

Es difícil contarte en unas líneas la experiencia de años en cárceles españolas; quizás imposible. Tantos momentos tristes, esperanzadores, violentos, alegres, malos, depresivos, divertidos, no se pueden contar con mi limitada pluma, pero al menos intentaré transmitirte pinceladas de esta realidad, a ti que lo que te llega sobre nosotros está tan deformado.

Pasan los años, pero las experiencias vividas nunca se borran, ni siquiera se difuminan. Todas están frescas, todas son de hoy, y este día lo vivimos todos los presos políticos vascos.

Día 4.009

Tengo una celda magnífica. La principal diferencia con otras anteriores es que desde ésta se ve el campo. En otra ocasión también me metieron en una desde la que se veía el exterior, pero no era como ésta.

Ahora mismo, mientras escribo, miro hacia el horizonte y contemplo una gran extensión de naturaleza. No es verde, apenas hay árboles, pero es el campo, con un pueblo al fondo e incluso, a veces, se ven caminantes. Suelo pensar en lo que verán cuando miran hacia la cárcel. Desde luego ignoran los dramas que se encierran dentro. Mirarán de una forma aséptica, casi sin ser conscientes de que dentro de los muros hay personas. Cuando en un zoo se mira hacia el interior se ven los animales, se contemplan sus condiciones de vida, se llega a cuestionar su estado. Hacia aquí únicamente se ve hormigón, pero no es para que los presos no se escapen, es para que no se ofenda la vista de los ciudadanos con lo que se considera feo. Es como tener la puerta del trastero detrás del armario del comedor. Mientras se está comiendo nadie piensa en los trastos, incluso deja de existir la puerta.

Pero esta celda es un lujo. Tierra árida, reseca, amarillenta, pero también bella. Al atardecer, forzando la vista, se llega a contemplar algunas perdices. Hace algunos días también cruzó una liebre, llegó a detenerse por un momento, pero pasó la patrulla de txakurras que vigila la cárcel y se asustó. Quizás algún día vuelva y con su juego sea el entretenimiento de muchos ojos.

También se ven torres de alta tensión, alambradas de hormigón, mucho hormigón, pero todo se diluye ante el paso de la liebre.

Día 4.463

Ya me he recuperado. Ha sido una tarde muy emotiva. Hace unas horas han excarcelado a Esteban. Nos hemos dado un fuerte abrazo, en silencio, sólo roto por la palabra «amigo». No hace falta decirnos más. Tantos años de guerra juntos y ahora dicen que le quedan seis meses de vida. Sé que es cierto, pero no me lo termino de creer. Tres últimos días juntos, recordando el pasado y haciendo planes para el futuro. Tres días confirmando su extraordinaria calidad como persona, amigo y militante. Me había repetido en múltiples ocasiones que quería salir a la calle desde la peor cárcel, con un régimen de vida restrictivo y con una guardia asquerosa: como le han tenido siempre. Y en eso se han cumplido sus deseos: ha salido de la enfermería de Puerto de Santa María y con una guardia repugnante.

Tampoco quería que nadie le notara ninguna ansiedad por salir, y si la ha tenido nadie se la ha notado. Ha llegado el carcelero y le ha dicho que preparara las cosas, que se iba. Le ha contestado que muy bien. Ha vuelto el carcelero y le ha preguntado si estaba preparado: le ha contestado que no. Una vez más ha regresado para ver si se iba y le ha dicho que no le metiera prisa. Ha venido el jefe de Servicios y ha aprovechado para reclamarle una pequeña cantidad de dinero que no le cuadraba en su cuenta. Le han asegurado que lo solucionarían. Ya no le han molestado más. Dándose una vez más por vencidos ante él, le han dicho que cuando quisiera les llamara para irse. Hemos terminado de hablar, y cuando lo ha considerado les ha llamado.

Posteriormente me han comentado que en la puerta de la cárcel seguía discutiendo con el jefe de Servicios para que le dieran su dinero: mil doscientas pesetas. Nadie le ha notado ninguna ansiedad.

Día 0723

Nos iban a apalear de todas formas. Con su habitual tono de prepotencia el jefe de Servicios nos había hecho el comentario: «Hoy no os vais a librar» y es una de los pocas veces que podíamos creerle.

No había solución: aislamiento para todos, golpes para todos y provocaciones acumuladas desde hacía meses.

Con media docena de carceleros resguardados tras la chaqueta de su jefe, éste continuaba vociferando: «Suban a las celdas, todos a aislamiento provisional». Ni caso..., antes había que hacer asamblea. La decisión es rápida. Hay que pararles los pies. Nos amotinaremos y destrozaremos el módulo.

No se lo esperaban y el carcelero jefe chilla: «Es una orden, suban a las celdas,» y como si él mismo hubiera dado la señal de salida, el módulo empieza a descomponerse en trozos. Cristales, muebles y utensilios saltan en pedazos. Sin tiempo para escapar, lentos para refugiarse en sus áreas de seguridad, las chaquetas de los carceleros de llave sirven ahora de resguardo a su jefe. En un rincón, casi amontonados, intentando ocupar el menor espacio posible, se deshinchan kilos y kilos de habitual chulería. El jefe, es el que más se acurruca: privilegio de su rango. No se les hace nada, no se les toca, su pequeño tamaño es de puro miedo.

Cuando terminamos con la decisión tomada, queda un pequeño espacio intacto, es en el que se apiñan los carceleros. Se les dice que se cambien de sitio y juntitos como ciempiés saltimbanquis, se van a otra esquina. Da pena verlos, están aterrorizados y sus miradas descompuestas: suplican sin abrir la boca.

Se termina el trabajo. Ya no hay nada para romper. ¿Pero se van a ir así sin más, tanto carcelero provocador? Un compañero se fija en un extintor y con un baño de polvo blanco se extingue el poco ardor guerrero que les podía quedar.

Ya está... ahora a esperar... Pasa media hora. Nos hemos ido a las celdas, y cuando todo está tranquilo, entonces, vienen... Montón de guardias civiles y montón de carceleros. Los carceleros detrás de los guardias civiles. Entran galería a galería, celda a celda, y nos van apaleando a todos. Golpeando a cada uno, entre numerosos uniformes, van recuperando su maltrecha autoestima. Les hemos humillado y una vez más nos han enseñado su cobardía, ahora nos lo hacen pagar a golpes.

El espectáculo parece irreal. Un sargento de la Guardia Civil con un cuchillo de grandes dimensiones en la mano; el director de la cárcel junto a él señalando quién ha de recibir ración doble o sencilla; los uniformados verdes, como siempre, cumpliendo gustosos las órdenes; los uniformados azules cerrando puertas y azuzándoles todavía más. Aparte de nuestros cuerpos se ceban en las ikurriñas. No soportan verlas en las paredes y ahora tienen excusa para arrancarlas y rasgarlas. Las porras de madera se rompen con la violencia de los golpes, demostrando la dureza de los cuerpos.

Cuando todo termina, el compañerismo y la fuerza se apodera de todos nosotros. Más que nunca somos todos uno. Magullados y doloridos nos asomamos a las ventanas para chillar, para darnos ánimos, para cantar repetidamente el *Eusko Gudariak*. Los txakurras no salen de su asombro: «Están cantando», «si.. les hemos machacado...».

Tras horas de espera nos atienden los médicos. Hay lesiones graves: varios compañeros con rotura de huesos.

El día 0723 ha terminado con el paso por la enfermería de 17 compañeros y 4 por el hospital. En total estamos 43, y tenemos un ambiente magnífico.

Día 3.693

Voy ha hacerme un té. Otra curiosidad más de la vida carcelaria. En el economato venden bolsas de té, manzanilla, café e incluso latas de alubias o de callos, pero está prohibido cualquier sistema para calentarlos. Nunca me he aclarado si es porque al Gran Carcelero le gustan los callos fríos o es que esto forma parte del tratamiento individualizado. En fin..., que como los presos somos muy sibaritas y nos gusta comer caliente, pasamos del tema y se utilizan rudimentarios métodos, aunque efectivos, para contravenir las normas. Cuando te ven calentando algo o localizan los artilugios, te sancionan, pero está asumido: es preferible ser sancionado que comer las alubias frías.

Los sistemas más comunes para calentar cualquier cosa son: quemar algún material o utilizar un «pulpo». Se quema aceite, papel, cartones de tetra-brik secos y enrollados, etc., pero un buen método es quemar desodorante. Una rodaja de desodorante en barra puesta en el hueco del culo de una lata de refresco es suficiente para calentar el contenido de otra lata. No huele ni echa humo. El pulpo al que también se le llama «torpedo» se hace colocando dos pedazos de metal, a modo de bornes, en dos cables. Los bornes separados se meten en un recipiente con agua y el dispositivo se enchufa a la red. Al pasar la corriente a través del agua ésta se calienta. Dentro, al baño María, se introduce un segundo recipiente con lo que se desea calentar. Para que el agua sea mejor conductora se le añade lejía o sal, pero sin pasarse, ya que no es infrecuente hacerlo mal, formar un cortocircuito y que salte la instalación.

También tengo un termo, los venden en el economato y está muy bien. Es bonito, rojo, pero han prohibido el suministro de agua caliente para llenarlos. De adorno tampoco queda feo, pero normalmente lo utilizo para guardar el agua que he de calentarme yo. Lo dicho... que me voy a hacer un té.

Día 4.015

Se ha suicidado sin querer hacerlo. Quería salir de este agujero y lo ha conseguido... en una caja.

Le habían traído a aislamiento hacía poco tiempo por una pelea en el módulo, pero con la energía y vitalidad propia de un menor, se le hacía insoportable este régimen de vida. Dos horas diarias de patio en solitario y el resto del día en la celda. No tenía radio y el único entretenimiento autorizado que disponía eran dos libros semanales de la biblioteca sin que apenas supiera leer.

Lo había intentado de múltiples formas, recurriendo al juez, tomando pastillas, cortándose las venas, pidiéndoselo a educadores y psicólogos, pero con ninguno había conseguido que le devolvieran a un régimen normal.

Pensó que si hacía un intento serio, que si realmente les demostraba que estaba dispuesto a suicidarse, conseguiría su objetivo. No sería por humanidad, pero probablemente sí que le sacarían de aquí si les presionaba mediante la posibilidad de hacerles engrosar las estadísticas con un nuevo muerto. Con su propia muerte.

Hay tres recuentos diarios: mañana, mediodía y noche. El último sería el más adecuado. Suena una sirena e inmediatamente el carcelero pasa de celda en celda, abriendo y cerrando las puertas, y mirando en su interior.

Su celda era una de las primeras en pasar la revista, así que entre el toque de bocina y la llegada del carcelero pasarían unos segundos, siempre sucedía igual. Ése sería el momento. Al abrir la puerta lo encontrarían colgado, lo llevarían a la enfermería y pondría fin al aislamiento.

El día lo pasó silencioso, muy extraño para lo ruidoso que acostumbraba a ser, pero a nadie reveló el motivo en el que entretenía su mente.

Al llegar las diez de la noche estaba preparado con una sábana a modo de cordón umbilical entre su cuello y la parte superior de la puerta. Sonó la sirena y se dejó caer. Nadie sabrá lo que en esos momentos pasó por su cabeza, quizás la película de su vida en forma de relámpago, pero lo que sí es seguro es que se tuvo que dar cuenta de que esa noche el carcelero no llegaba. La mala suerte que le persiguió desde su nacimiento se cebó una vez más en él e hizo que el recuento se retrasara. No fue mucho, unos minutos en lugar de los segundos acostumbrados, pero cuando se abrió la puerta ya era demasiado tarde. El carcelero lo cogió de los pies intentando aguantar su peso, chilló pidiendo ayuda, llegó otro y lo descolgaron. Le intentaron reanimar pero habían transcurrido demasiados minutos desde el toque de sirena, y unos pocos segundos desde su muerte.

Ahora vendrá la investigación judicial, la investigación administrativa y el archivo de la incidencia.

Mañana aparecerán dos líneas en una página interior del periódico local con la información: «Se suicida interno en la prisión de la ciudad».

La sociedad desconoce el número de muertos anuales que se producen en las cárceles españolas, y tal desconocimiento se produce por desinterés y porque la Administración y los medios de comunicación a su servicio, no globalizan tales datos. Los muertos en las cárceles, salvo excepciones por las características de algún preso, no merecen más que un par de líneas en un periódico local. La sociedad cree y quiere creer que los únicos muertos que se producen son los habidos en su propia ciudad y esas cifras parciales no son muy elevadas. Además... total... sólo son presos...

Alguien debería sumar alguna vez las dos líneas de todos los periódicos locales, y se quedaría asombrado.

Día 3.425

Han puesto otro ordenanza nuevo para los carceleros. Les barre el suelo, les limpia la garita, les quita el polvo, les lleva el café, les hace los recados, les informa de todo lo que ve y oye, les ríe las gracias... Es un preso modelo y saldrá pronto de la cárcel.

El anterior preso de confianza que tuvieron, como éste, tenía una condena enorme pero como era otro modelo de comportamiento empezó saliendo de permiso al poco tiempo de entrar, y enseguida, le pusieron en régimen abierto.

El actual y el sustituido tienen además algo en común: son violadores, y como tales, no suponen ningún peligro para el sistema penitenciario.

Éste hizo cosas sin importancia: junto con un socio secuestraban mujeres cuando volvían a casa, las apaleaban, las robaban y las violaban, pero únicamente a unas pocas docenas. Nada peligroso para la Banca, el Ejército o los políticos. Nada peligroso para la Institución Penitenciaria.

Babeando alrededor de los carceleros es tan preso ejemplar como ciudadano lo era en la calle, que para eso trabajaba de vigilante-jurado. Ahora, más ejemplar todavía, ya que dejó en la puerta de la prisión la valentía de la que hacía gala para atacar a sus víctimas.

Desde que entran, los violadores son los presos modelos para el sistema penitenciario. Jamás he conocido a un violador en aislamiento o a un violador sancionado. Siempre los he visto de ordenanzas de los carceleros, de encargado de los economatos, destinados en comunicaciones..., siempre con los mejores destinos. No todos esos destinos están ocupados por violadores, pero sí, que todos los violadores tienen acceso a esos destinos.

La explicación es muy sencilla: los «valores» que se priman en la prisión son aquí, de una forma más evidente, los mismos que se priman en el exterior.

El buen preso es el individualista que únicamente se preocupa de sí mismo.

El buen preso es el insolidario que vuelve la cabeza ante los problemas de los demás.

El buen preso es el obediente que hace lo que le mandan por absurdo que sea.

El buen preso es el dócil que ni siquiera se da cuenta de lo que es.

El buen preso es el que ha cometido delitos que justifican y refuerzan el sistema policial: nunca que lo cuestionan.

El buen preso es el confidente que corre a colaborar con la autoridad.

El buen preso es el sumiso que se resigna a su estado.

El buen preso es el buen ciudadano... en la cárcel.

El ordenanza nuevo es un buen preso, y conoce todas las normas del buen comportamiento. Está preparado para la vida en sociedad. La reinserción social, a veces, es un hecho.

Día 0524

En el frío pasillo de una fría cárcel, a poca altura del frío suelo, extendido, tapado con la ikurriña, está nuestro compañero. Tiene expresión relajada, serena, del deber cumplido. Parecía fuerte, era joven, hacía deporte, nadie lo hubiera esperado y ahora yace muerto. Dicen que ha sido un infarto, así saldrá en la autopsia, así la Administración archivará el expediente, pero todos nosotros sabemos que no ha sido el corazón, ha sido la cárcel y la cárcel ha cumplido su misión de exterminar a otro preso político vasco.

Había pasado mala noche, enfermo, sintiéndose mal, pero prefirió esperar la llegada de la mañana a la hora en que los carceleros hacen el primer recuento. Si hubiera llamado antes, si hubiera dicho que se sentía mal, tampoco le hubieran solucionado nada. Le habrían dicho lo que dicen siempre, que hay que esperar a que el médico venga por la mañana. Prefirió aguantar, prefirió soportar el malestar y el dolor, y por fin aparecieron los carceleros. Eran las ocho y les dijo: «Me encuentro muy mal, llamen al médico». ¿Cuál fue la respuesta de los carceleros?: el médico todavía no ha llegado a la prisión. A las nueve de la mañana ya había venido y le llevaron a la enfermería. Cada vez se sentía peor. No le sacaron al hospital: alegan problemas de seguridad, autorizaciones, etc. El tiempo sigue corriendo y él empeora por momentos. Llaman a una ambulancia medicalizada pero está lejos, la cárcel está en el campo. La ambulancia no llega. Espera. Espera. Ya parece que está llegando, pero su corazón no aguanta más y entra en parada cardio-respiratoria. Ahora ha llegado la ambulancia pero su corazón no se recupera. Está muerto. Es media mañana. Si la ambulancia hubiera llegado un poco antes..., si le hubieran sacado al hospital..., si hubiera estado el médico..., si no hubieran alegado los consabidos problemas de seguridad..., si todo esto no hubiera sucedido es que nuestro compañero no estaría en la cárcel y la cárcel no hubiera podido cumplir su misión de exterminar a otro preso.

Han permitido que le diéramos un último saludo. Uno a uno, compañero a compañero, módulo a módulo le hemos rendido nuestro póstumo homenaje. Caras llorosas. Silencio total. Los carceleros observan tensos. Sabemos lo que piensan. Saben lo que pensamos nosotros.

Día 1.083

Entre su partida al hospital, hace dos meses, y su regreso hoy por la tarde, le he notado dos grandes diferencias: su mirada tiene brillo; su boca no tiene dientes.

Nació en la cárcel de madre presa y junto a ella, entre barrotes, transcurrió parte de su infancia. No llegaron a conocerse en libertad pues poco antes de alcanzarla ella murió. Carne de orfanato, reformatorio y presidio, no sabe lo que es el exterior más que el tiempo que se alistó en la Legión. Constantes robos, atracos, agresiones y peleas le han mantenido sus cuarenta años de vida entre rejas. Un delito, el que más se paga aquí, la discusión con un carcelero le llevó a retenerle durante un par de horas. Dos horas que le costaron ocho años más por secuestro, ocho años en los que apenas ha salido de aislamiento.

Desconocía lo que es una familia, una compañera, unos amigos, y entre tanta tragedia encontró una luz: una chica le empezó a escribir. No le ha faltado quien se prestara a leerle las cartas, ni a escribirle las contestaciones, así que aunque con grandes dosis de indiscreción, su relación ha ido adelante.

De las cartas pasaron a las visitas por locutorio, unos minutos a través de un cristal. Poco tiempo para cualquier preso, mucho menos para alguien enamorado. Necesitaban verse sin testigos, tocarse sin impedimentos. Empezaron el papeleo, empezaron las dificultades. El aislamiento se le hacía cada vez más duro y no estaba dispuesto a esperar meses, quizás años, a que un juez bien comido, bien bebido y bien dormido se decidiera a permitirle tocar a su compañera por primera vez.

La solución estaba en el hospital. Allí el régimen de vida es más relajado y no le pondrían dificultades para el vis a vis. Durante algún tiempo saldría de aislamiento y vería con frecuencia a su chica.

La dentadura la tenía mal, muy mal. Podrida tras una vida de desasistencia y mala alimentación, y en el hospital sacan las muelas. El médico le dio el pase. Diente a diente, muela a muela se le fue transformando la boca hasta que ya no le quedaba nada por arrancar. Ha conseguido dos meses de tiempo, varios vis a vis, y muchas visitas y llamadas telefónicas. Ha merecido la pena.

Ahora no tiene dientes pero le ha salido un pequeño brillo en los ojos, que se le volverá a apagar en este aislamiento.

Día 0637

Es San Fermín. Estamos más de cincuenta «compas» en el módulo y hemos montado una juerga impresionante. Hacía días que teníamos preparados unos cuantos baldes de vino. Hemos puesto cuatro tabernas en el patio: cuatro mesas. Una en cada esquina, con vino, refrescos y pinchos. De taberna en taberna hemos andado de poteo. El vino no estaba mal. No era de Rioja, ni sidra, ni txakolí, pero se dejaba beber. Lo malo es la resaca, la acidez de estómago, y que con este caldo nadie vuelve a necesitar laxantes en una larga temporada, pero anima, alegra y el ambiente ha sido muy bueno.

El vino se hace machacando frutas en un balde, se añade agua, azúcar, y se pone a fermentar dos, tres, cuatro semanas. Se filtra y hecho. Una buena cosecha y un mes de crianza. A veces llega la peste y la cosecha no llega a término. Los carceleros encuentran los baldes y los tiran. Vuelta a empezar, es parte de la rutina.

Con el calor del sol y del vino ha sido necesario refrescarnos, y hemos terminado jugando en el patio tirándonos baldes de agua. Se ha asomado un carcelero y de alguna forma también le ha llegado una ración de agua. Se ha ido a su garita y no le hemos vuelto a ver.

Bien mojados por dentro y por fuera, ha llegado la hora de entrar en las celdas, pero el buen ambiente continúa. Canciones, chistes, bromas de ventana a ventana, hasta que como en todas las juergas nos vamos apagando y se hace el silencio.

Día 2.569

En la celda contigua hay un preso social. Está mal. Se le ve enfermo y desequilibrado mentalmente. Necesita ayuda médica y psicológica. Ha tenido que pasar mucho y están acabando con él. Le trajeron ayer y nos hemos visto durante las dos horas de patio que nos sacan en este aislamiento. Tiene el cuerpo y la cara destrozados por las cicatrices de peleas, autolesiones y enfermedades. Quiere salir de aislamiento como sea: dice que no aguanta más. Quiere ir a descansar al hospital. Se ha metido un «misil». Se pueden utilizar muchas cosas pero él ha usado una antena de radio.

Se respira profundamente hinchando el tórax y comprimiendo el abdomen. Se calcula cuatro o cinco dedos por debajo del ombligo y se pincha la antena. Poco a poco, para no perforar el paquete intestinal, e incluso se dirige la trayectoria para no dañar el intestino. Se empuja hasta que desaparece bajo la piel. Dentro del abdomen el «misil» se termina depositando en la parte inferior y es necesario operar para sacarlo. Una semana en el hospital: misión cumplida.

Hemos pegado a las puertas para que vengan y se lo lleven. Ha venido un carcelero de llave, posteriormente un ATS carcelero. Le han mirado, le han amenazado, le han chillado que no moleste. Se han ido diciéndole que si quiere autolesionarse lo haga bien y se cuelgue.

El Maño es una persona de recursos. Tiene una cuchilla. Se ha abierto un poco más la herida. El «misil» todavía no se ha movido, mete las uñas y se lo saca. Mañana lo intentará de otra forma, quizás más grave, quizás con otra guardia. Nos da las gracias por haber golpeado las puertas.

Ahora él está tranquilo, nosotros silenciosos, y los carceleros tomando café en la garita y comentando la anécdota.

Día 3.111

Todas las semanas en este aislamiento algún «arrunta» (preso social) quema la celda. Hoy ha tocado, y lo malo es que el chaval que estaba dentro se ha abrasado. Le han llevado a la enfermería y tenía la espalda, la cabeza, las piernas destrozadas. Vivirá pero le van a quedar unas cicatrices impresionantes. Tiene 18 años.

Esta temporada el fuego forma parte de la rutina. La primera vez impresiona, luego es rutina. Tengo preparadas en un balde una toalla y tiras de papel mojadas. Lo habitual es que le prendan fuego al colchón de gomaespuma. Saca un humo tremendo y tóxico, que va llenando el espacio desde el techo hasta el suelo.

¡Fuego! ¡Fuego! Y hay que tapar las ranuras de la puerta con el papel mojado rápidamente y con la toalla el espacio entre la puerta y el suelo. La ropa y demás pertenencias del interior de la celda es necesario cubrirlas con sábanas y trapos para evitar que el hollín las deteriore.

¡Fuego! ¡Fuego!, hay que gritar fuego y aporrear las puertas para que los carceleros vengan cuanto antes. Su tardanza puede costar la vida al ocupante de la celda que arde, y a todos nosotros.

Llegan los carceleros con sus máscaras, sus extintores y sus porras, abren las puertas y vamos saliendo al pasillo. Se cierran las puertas. Salimos al patio agachados, a gatas, para poder respirar por debajo de la capa de humo.

Hemos de esperar hasta que el humo se despeje. Volvemos a entrar y hay que limpiar la celda. Siempre entra hollín.

A veces apalean o esposan a la cama al incendiario y entonces aumenta la tensión, el conflicto, el enfrentamiento con los carceleros. A veces lo trasladan, depende... Hoy no... hoy está en la enfermería. Se había tumbado en el suelo de la celda, con la boca en la rendija bajo la puerta para poder respirar, pero han tardado bastante tiempo en abrir y el chaval está abrasado.

Día 4.352

Que cante... que cante..., que salude... que salude... y no le queda más remedio que levantarse otra vez, en medio del comedor, y hacer con el brazo una especie de saludo torero.

De todos los presos del módulo no somos más de media docena los políticos, pero nos llevamos bien con todos los sociales, y son muchos los que colaboran en no dejarle respirar desde horas tempranas al compañero que ha cumplido los años.

En cuanto han abierto las celdas a las ocho de la mañana, se la hemos invadido para sacarle de su somnolencia entre estirones de orejas y cantos. Ni siquiera se ha podido defender. Le hemos abordado mientras tenía las manos ocupadas descargando el líquido acumulado por la noche.

Es su cumpleaños así que también tiene que vaciar la cartera. Patatas fritas, jamón, aceitunas, sardinas, atún... refrescos y cervezas sin alcohol que si bien no tienen el mismo sabor de los recordados en Alde Zaharra, nos saben a manjar, a bocados exquisitos que alimentan nuestras ganas de juerga.

Que salude... que salude... Tiene que saludar en el desayuno, en la comida, en la cena... Tiene que pagar cafés a quien se le acerca, y repetir una y otra vez los años que cumple. Parece un chavalín y nosotros colegiales. Si nos escucharan por un micrófono oculto, si nos vieran por una cámara indiscreta, nadie creería los años de edad y de cárcel que acumulamos. Será que la cárcel nos está volviendo infantiles... será que no nos ha dejado madurar... no... son las ganas de cachondeo... es la necesidad de no olvidarnos del sonido de la risa.

De noche, y encerrados en las celdas, nos asomamos por las ventanas, que salude... que salude...

Día 4.558

Hoy ha habido huelga de carceleros: piden ganar lo mismo que sus compañeros de las Vascongadas.

Las acciones realizadas por los huelguistas han consistido en:

–Dejar de abrir las celdas.

–Dejar de repartir los desayunos.

–Dejar de trasladar al hospital a los enfermos.

–Dejar de dar las medicaciones a quienes la necesitan.

–Dejar de dar las comidas.

–Dejar de dar la metadona a los toxicómanos.

–Dejar de repartir el correo.

–Dejar de repartir las cenas.

–No dejar que realicemos las comunicaciones con nuestros familiares a pesar de que algunos tienen que desplazarse desde cientos de kilómetros de distancia.

–No dejarnos realizar las comunicaciones telefónicas autorizadas.

–No permitir las visitas de los abogados.

–No permitir las actividades culturales, deportivas, laborales.

–No permitir los traslados por asuntos judiciales.

La huelga ha consistido en que tras unas imágenes vergonzosas en televisión, en las que los carceleros juguetean con los policías, que para eso son amigos, unos cuantos de ellos enseñen los brazos como niños llorando pupita, para denunciar la brutalidad a la que han sido sometidos.

La huelga ha consistido en que un conocido torturador y ahora representante sindical haga un alegato público denunciando que la Administración vulnera la Legislación Penitenciaria, y exigiendo mejoras salariales para poder dar una mejor atención a los presos.

La huelga ha sido un intento de los huelguistas de desestabilizar a los presos para utilizarnos como sistema de presión contra la Administración.

La huelga no ha consistido en lo que pretendían los huelguistas, ya que en toda huelga hay esquiroles para realizar algunas funciones: han repartido comidas y medicaciones.

La huelga no ha consistido en dejar las puertas abiertas. Tanto huelguistas como esquiroles están de acuerdo en cerrarlas.

Piden la dignificación profesional en las prisiones a través del dinero, sin comprender que la dignidad no se pide: se tiene o no se tiene.

Día 4.560

Me han contado un chiste:

Sale Aznar de la Moncloa y observa que en la pared han escrito con orina «PELELE».

Se indigna y ordena al jefe de los servicios secretos que investigue el asunto.

Tras arduos esfuerzos le entregan el informe con dos malas noticias: la primera es que los análisis realizados indican que la orina es de Mayor Oreja. La segunda es que la caligrafía es de Botella.

Día 1.111

El ordenanza de los carceleros está limpiando un reguero de sangre dejado en el patio y en las escaleras..., al mismo tiempo que un jefe de Servicios vociferando hacia las ventanas de las celdas nos dice que estamos todos en aislamiento provisional, inicio de una sanción de catorce días, por chillar e insultar a los carceleros.

No sabemos dónde estará el alicantino aunque es de suponer que tras una cura en la enfermería, o tal vez no, lo llevarán a otro aislamiento donde no lo podamos ver.

Ayer le dieron un telegrama con seis días de retraso en el que le decían: «Tu hermano está en el hospital por accidente». Inmediatamente solicitó llamar por teléfono, pero le contestaron que ya había realizado la llamada semanal de cinco minutos que le correspondía. Habló con carceleros y jefes de servicio, pero no consiguió que cedieran a sus argumentos. Debía echar una instancia a la que contestarían hoy.

Tras una noche obsesionado por conocer el estado de su hermano, de lo anunciado en tan escueto mensaje y aprovechando la salida al patio en solitario, ha vuelto a intentar la comunicación: «La instancia no está contestada». Los nervios y la ansiedad le han superado, ha amenazado a los carceleros: «No volveré a la celda hasta que llame por teléfono a mi familia». No le han hecho caso. Han terminado las dos horas de recreo y se ha negado a subir. Han salido cinco carceleros al patio para meterle por la fuerza, pero antes de que se acercaran a él les ha enseñado un pequeño «pincho» que tenía en su mano: «No os acerquéis a mí, quiero llamar por teléfono». Se han ido. En menos de quince minutos han regresado con toda la plantilla y dos jefes de servicio.

Si el espectáculo no hubiera sido realidad, si no hubiera terminado en tragedia, si hubiera sido una película de ficción, la secuencia hubiera tenido un inicio cómico. En un rincón del patio el alicantino: no llega a los treinta de edad, pequeño y castigado por el SIDA, con un pincho minúsculo en la mano. Frente a él, dos docenas de carceleros con guantes, cascos, porras, escudos, sprays y toda la fuerza del uniforme. Al alicantino no se le acerca nadie y comienza la «negociación».

–Jefe de Servicios: «Sube a la celda».

–Alicantino: «Sin llamar no».

Tras veinte minutos de conversación en los que el jefe de Servicios parecía estar de parte del preso y entender todos sus argumentos y preocupaciones familiares, el asunto se había solucionado.

Con dos docenas de presos testigos del acuerdo; el carcelero jefe le da su palabra: «Deja el pincho..., llama a tu familia..., y únicamente te sancionaremos con catorce días de celda de aislamiento». El alicantino accede. ¿No habrá truco?: «No hay truco» jura y perjura el jefe de Servicios.

Deja el «pincho» en el suelo, se abre un pasillo de escudos para que se dirija al teléfono, y cuando está en el centro el pasadizo se cierra en un estruendo de golpes y gemidos de dolor. La imagen es sobrecogedora: se piden sitio para poder pegar con tanto puño a un cuerpo tan pequeño.

Golpeamos y chillamos desde las ventanas mientras vemos cómo el patio se va manchando de sangre, y todo por conocer la gravedad de un hermano. La cárcel no entiende de sentimientos.

Día 3.680

Por fin, después de año y medio me ha llegado la resolución judicial: no están permitidos los gorros de lana.

Todo empezó las antepasadas Navidades, durante unos días de temperaturas polares, nuestras familias, siempre atentas a los cambios climáticos para protegernos del frío, pensaron que iríamos mejor abrigados con unos buenos gorros de lana. Con ilusión los introdujeron en el paquete mensual, pero su intención no iba a ser sencilla de realizar.

Por los muchos paquetes entregados en el transcurso de los años para sus familiares presos, han aprendido que el carcelero que los recoge siempre ha de rechazar algo. Preparan el paquete; todo son cosas autorizadas: pero a pesar de ello con alguna han de retornar el camino de regreso. Es una más de las formas que tiene el sistema carcelario para recordar permanentemente al preso, y a sus familiares, que estamos en la cárcel y que, autorizados o no, entran los productos que el carcelero de turno estima, que los que mandan son ellos.

La mala suerte quiso que aquel día quien revisaba los paquetes únicamente hubiera dedicado la noche anterior a dormir. Los fue mirando sin encontrar nada que justificase tan minucioso registro, pero de repente, ¡¡¡horror!!! Gorros de lana, eso no puede entrar, eso es peligroso.

Los familiares, asombrados, pidieron explicaciones, y la respuesta fue rotunda: «Los gorros de lana están prohibidos».

Nos lo comentaron en los locutorios preocupados por si pasábamos frío, y restando importancia les aseguramos que nos interesaríamos por ello.

Llamamos a un carcelero y le explicamos el problema: ¿Qué es lo que sucedía con nuestros gorros de lana? Se fue, preguntó, y nos aseguró que él no comprendía tal prohibición, pero que si su compañero no los había querido dejar pasar, él no nos los podía dar.

Llamamos al jefe de Servicios y nos aseguró que él no entendía tal prohibición, pero que si los dos carceleros anteriores no nos los habían dado, él no nos los iba a dar.

Mandamos una instancia a la Dirección y tras días de espera, es de suponer que consultando a los anteriores, nos contestó: «Los gorros de lana están prohibidos».

Comprendiendo esta situación, únicamente cuando se comprende lo que es la cárcel, nos decidimos a recurrir al Juzgado de Vigilancia Penitenciaria: «Queremos un gorro de lana». Meses de espera y en pleno verano nos manda el juez las explicaciones por las cuales la Dirección justificaba dicha prohibición: «Con ellos se pueden tapar la cara y no ser reconocidos por los funcionarios».

Vuelta a recurrir al juez: «Por esa razón han de prohibirnos toda la ropa, tendremos que andar desnudos y utilizar las manos para taparnos lo que no sea la cara».

Llegó el primer auto judicial: «La Dirección tiene razón». El juez este jamás descalifica a una Dirección, que no descalifica a un jefe de Servicios, que no descalifica a unos carceleros.

Volvemos a recurrir al juez, ya que el sistema judicial da para mucho papeleo: «Lo que Vuestra Ilustrísima dice es una chorrada».

Por fin... tras año y medio ha llegado la contestación definitiva: «Se reafirma en que los gorros de lana están prohibidos».

Pero todavía el tema del gorro da para mucho, así que hoy pediré que me nombren abogado y procurador de oficio, ya que para semejante tontería no molesto a los nuestros, y así presentaré un Recurso de Apelación ante la Audiencia Provincial. Dentro de otro año y medio tres magistrados, con toga y todo, se reunirán para decidir si han de autorizarlos.

Lo que todavía no he dicho es que aquí todos los presos tenemos gorros, y aquellos mismos que fueron objeto de tanta prohibición los metieron nuestras familias en el siguiente paquete al encontrarse con un carcelero que la noche anterior había hecho algo más que dormir.

Día 0420

En la carga de hoy he tenido suerte, no he recibido ningún golpe. Todos los «compas» hemos tenido suerte y nadie ha resultado dañado. Suerte y rapidez, tanta como permite la descarga de adrenalina cuando dejan de temblar las piernas. Aquí las cargas de la txakurrada no son como en la calle, aquí siempre te dan alcance.

Ante una situación de tensión creada por los propios carceleros, nos hemos negado a «txaparnos» en las celdas. Ha venido el jefe de Servicios que nos ha amenazado. Ha vuelto y nos ha amenazado todavía más. ¡Que nos metan ellos! Ya lo hemos decidido y no nos «txaparemos», nos tendrán que obligar a entrar en las celdas por la fuerza. Los carceleros no se atreven; su valor no va más allá de apalear a algún preso solitario. Estamos más de cuarenta «compas» en el módulo y llaman a la Guardia Civil. La espera es tensa. Paseamos por el patio, charlamos, algún chiste, alguna risa nerviosa..., a ver si vienen ya. La espera se hace larga. Tardan tres horas en llegar. Los habrán traído de algún cuartel lejano. Es noche cerrada. Los habrán tenido que sacar de sus casas. Vendrán cabreados, siempre están cabreados y nos odian a muerte. Detrás de ellos los carceleros, los mismos que no se han atrevido a entrar, les calientan, les incitan contra nosotros. Incluso nos parece escuchar, ¡ATACAR!, ¡ATACAR!... ¿o nos lo estaremos imaginando? Es una compañía de «pikolos», jóvenes, muy altos y portando unas estacas de madera largas, el doble de las porras habituales.

En el lado exterior de las puertas de barrotes del módulo están ellos en formación, golpeando rítmica y amenazadoramente sus estacas contra el suelo y preparados para golpearnos. En el interior, frente a ellos, nosotros con nuestro equipo de combate: zapatillas para correr y varios jerseys uno encima de otro para amortiguar los golpes. Aumenta el ruido: sus estacazos y nuestro vocerío. Mucho ruido y ahí va... automáticamente se abren las puertas y sale disparada la adrenalina. Corremos, corremos y corremos..., llegamos a las celdas y bloqueamos nosotros mismos las puertas. Los perseguidores se quedan fuera. Hoy les han dado orden de no entrar de celda en celda, pero sus caras reflejan tanto odio y frustración por no habernos machacado, como las nuestras de alivio por habernos librado de la paliza.

Teníamos una paloma. La cuidábamos con todo esmero. Incluso en una ocasión un compañero consiguió proporcionarle un palomo, pero la relación no cuajó y nos volvimos a quedar únicamente con ella. Se movía por el comedor, por el patio, iba y venía. Seguro que era la paloma mejor alimentada del mundo. Le gustaba acurrucarse junto a la televisión, al calor, pero hoy ella no ha sido rápida. Sin entender el riesgo, confiada en los humanos que había conocido, se ha quedado encima de la mesa del comedor, y allí mismo un brutal estacazo de madera prácticamente la ha partido en dos. ¡Algo había que cazar!

Día 4.518

Día rutinario, monótono, aburrido, sin ninguna novedad. Empieza cuando termina el periodo de tiempo en el que no hay que cursar instancias: cuando termina el descanso.

A las ocho horas el carcelero, sobre la marcha, golpea la llave contra una hilera de barrotes a modo de karraka, y avanza chillando «recuento». Son reminiscencias de épocas en las que no ponerse de pie suponía tensión, malos tratos, sanciones... Ahora vocifera «recuento» para él sólo mientras continuamos en la cama, que para eso lo hemos ganado tras años de lucha hasta conseguir romper el régimen militar.

Escucho el parte informativo en la radio: algún viaje del Presidente..., alguna inauguración del Presidente..., algún escándalo sexual que no es del Presidente..., la economía crece..., el paro baja..., el descubrimiento científico del siglo hecho por españoles..., un conde se ha echado novia..., España mediadora en el proceso de paz entre las tribus de más al sur de la Patagonia..., la normalidad.

Pongo las tertulias radiofónicas: me impacta su inteligencia e integridad, y que ninguno cobre del fondo de reptiles del Ministerio del Interior.

Traen el desayuno: pan y malta.

Patio: cuatro horas. Cafés, compras en el economato, korrika y ducha.

Celda hasta el día siguiente, pero antes de subir hay que entregar el paquete de instancias si todavía no se ha hecho: instancias para la más nimia autorización. Te arrimas a la garita de los carceleros y leyéndote el pensamiento se adelantan a tu petición, y con una dicción perfeccionada por años de práctica vocalizan: «ECHE UNA INSTANCIA».

Reparten la comida: toca pollo. Los pollos «talegueros» son de una raza especial: muy prolíficos y de color negro junto a los huesos. Incluso mantienen el olor característico de su denominación de origen.

Otra voz y otro recuento otra vez, en la cama, para la siesta.

Tarde de lectura, estudio, correspondencia...

Cena: sopa de pollo con fideos.

Pongo los informativos: el conde ha cambiado de novia. Lo demás todo igual.

A las diez de la noche el último recuento y aprovecho para entregarle al «voceras» las últimas instancias: no le suele gustar porque ya lleva las manos ocupadas con la llave.

Y... con la entrega de la última instancia empieza el periodo de descanso, el único periodo no regulado por el horario de la cárcel y por el tejemaneje de papeles, recuentos y pollo.

Día como el de ayer y el de mañana, día como otros varios miles, día en el que no tengo nada que contar.

Día 4.462

El fiscal Fungairiño certifica su odio. Odia pero no miente en esto, la misión de la cárcel es rematar a los presos políticos vascos.

ADMINISTRACION
DE JUSTICIA

Sumario 80/86

Rollo 112/86

Jdo. Central nº 2

Sección 2ª

A LA SALA

EL FISCAL, a la vista del informe Médico Forense entiende que no se declara incompatible la estancia en prisión con la enfermedad que padece el condenado.

Lo que se informa es la esperanza de vida de dicho condenado.

Por ello, y como tiene constancia esta Fiscalía de que al propio tiempo **ESTEBAN ESTEBAN NIETO** se encuentra preso preventivo por otras dos causas (Sumario 36/85 JCI-1 y Sumario 31/86 JCI-5) causas que versan sobre asesinatos múltiples mediante explosivos, el Fiscal entiende que no debe modificarse la situación de prisión que como preso rematado padece **ESTEBAN ESTEBAN NIETO**.

Madrid, 6 de abril de 1.999.

Día 3.912

«¿No has oído hablar de mí? Yo soy conocido por la contundencia que me caracteriza». Le acabo de escuchar esta frase a un jefe de Servicios dirigiéndose a un joven marroquí, indigente, cartonero, y que apenas habla castellano. No le entiende pero le mira con temor. Seguramente en más de una ocasión habrá probado la contundencia a la que se refiere el que le habla. La habrá probado de él, de otro jefe de Servicios, de algún policía... Esa palabra es una de las primeras que aprendió en su intento de escapar de la miseria en Marruecos y llegar al paraíso europeo. Hambre, pequeños robos, y ahora en un idioma desconocido le chillan por algo que ha hecho y no sabe, o que ni siquiera ha hecho.

El chaval calla, el jefe de Servicios chilla, y yo me río. Si el chaval conociera a su carcelero también se reiría. Le conozco desde hace años y desgraciadamente he coincidido con él en tres prisiones. Le conocí de carcelero de llave, le conocí de jefe de Servicios en funciones, y le conozco con todo su rango actual. Seguirá ascendiendo, tiene madera para llegar muy alto. De pequeña estatura siempre le quedan las chaquetas grandes al estilo chaquetón tres cuartos, mangas hasta los nudillos y caminar separando los brazos del cuerpo: tiene un estilo a Aznar. A los presos políticos vascos nos perjudica siempre que puede. Le vemos poco, pero notamos su presencia cuando le toca turno de guardia: nos las hace a hurtadillas. Tampoco le gusta enfrentarse cara a cara con nosotros: conocemos su historia. Denunciado por los sindicatos de prisiones por ocupar una vivienda penitenciaria con el único mérito de su amistad con el director. Detenido en una gran superficie comercial por robo en la sección «ropa de señoras», y teniendo que intervenir nuevamente la Dirección de la cárcel para echar tierra al asunto. Procesado en la actualidad por acoso sexual a una carcelera, esposa de otro carcelero y compañero suyo, ¿no se dará cuenta de que quien lo conoce se ríe de él?... ¿Será por eso por lo que continúa chillándole al chaval? Le llamo para que le deje en paz. Discutimos, él chilla, yo chillo. En un alarde de fortaleza me llama asesino, yo le llamo violador. Se descompone, tiembla, se va. Al menos en este turno ya no aparecerá por el aislamiento.

Día 3.582

Hoy me han sacudido fuerte, me ha mirado el médico y tengo varias lesiones, moraduras e hinchazones: nada grave que no se pase en unos días. Golpeado pero tranquilo y relajado después de pasada y eliminada la tensión. Nada más llegar a esta prisión, he sentido la encerrona. Me han sacado el último del autobús. Se respiraba violencia. Miradas fijas y provocadoras. Todos los demás presos pasan por el detector de metales. Ingresan. A mí me retienen a la espera. Transcurre media hora. La situación es tremendamente hostil. Acuden carceleros, me miran y se van. Se escuchan comentarios de fondo: «Hijo de puta del etarra», «máquina de matar»... Con seguridad hay cobro, no me libra nadie. Me sacudirán pero no me van a humillar. Ya llega el momento. Escucho: «¿Estáis preparados?», «¿lo pasamos?» e, inmediatamente, me ordenan que pase a la celda de cacheo. Entro. Dejo el reloj y el cinturón sobre la mesa. Me dirijo al detector de metales. Una docena de carceleros me observa y uno de ello me impide pasar por el arco.

–¡Desnúdese!

–Pasaré por el arco.

–No. Desnúdese totalmente.

–Todos han pasado por el arco y yo también tengo derecho a lo mismo.

–El arco está estropeado.

–No es cierto. Todos han pasado por él.

–Se ha estropeado ahora.

–Bien, llame al jefe de Servicios y tráigame una bata.

–No hay bata, y para esto no llamo al jefe de Servicios.

–Me atengo al reglamento. Tráigame una bata.

–Le he dicho que se desnude.

–Tráigame una bata o de lo contrario no me desnudo.

–No hay bata, se va a desnudar y hará las flexiones que yo le diga.

–Le veo muy ansioso por verme desnudo. A lo mejor es que le gusto...

Empiezan los golpes. Terminan los golpes. Me llevan a la celda. Se niegan a llamar al médico. Pasadas las horas, con otra guardia, han venido dos personas de bata blanca: parecen médicos. Han hecho un parte de lesiones que archivarán en un archivador que sirve para archivar las denuncias. También me han dado una pomada.

Día 3.603

Mi abogado me ha mandado una información del *Diario de Noticias. La Ley*, sobre una denuncia de la Asociación Pro derechos Humanos de Andalucía. Ni tal diario ni tal asociación son sospechosos de defender los derechos de los presos, pero a pesar de ello la información necesariamente ha de ser falsa. En las cárceles españolas no existen apaleamientos, vejaciones ni malos tratos. Pobres carceleros, siempre sufriendo campañas montadas contra ellos. ¿Trescientos casos en una sola cárcel?, ¡Qué barbaridad! Es falso.

En ninguna cárcel, con ningún preso. Lo mejor es que leas la noticia tú mismo y te darás cuenta de su falsedad:

1.DIC'97 10:17 BERDIN KOLEKTIBOA C.B. 276276

LA LEY *Diario de Noticias* LA LEY *Diario de Noticias*

11/97

La jueza de vigilancia penitenciaria de Granada desmiente las acusaciones

La Asociación Pro Derechos Humanos de Andalucía denuncia que no se investigan las denuncias por malos tratos en la prisión Jaén II

Los sindicatos de la prisión estudian acciones judiciales contra el vocal de la asociación

La Asociación Pro Derechos Humanos de Andalucía (APDH-A) denunció el pasado 13 de noviembre que existen más de 300 denuncias por malos tratos en la prisión de Jaén II interpuestas ante el Juzgado de Vigilancia Penitenciaria de Granada y que este organismo no ha investigado.

Por su parte la jueza de vigilancia penitenciaria de Granada, Carmen Navajas Rojas, afirmó a LA LEY-DIARIO DE NOTICIAS que "son totalmente inciertos" los argumentos expuestos por esta asociación y añadió que por parte de su juzgado se han investigado todas las denuncias interpuestas que, por otra parte, negó que fueran 300.

Sin embargo, el vocal de la Comisión de Cárceles de la APDH-A, Antonio Costa, aseguró en conferencia de prensa que esta asociación remitirá un escrito a la Comisión Disciplinaria del Consejo General del Poder Judicial (CGPJ) "para que investigue la actuación de la jueza María del Carmen Navaja Rojas".

Costa señaló que lo que solicitan al CGPJ es que "actúe contra ella con las medidas pertinentes, sancionadoras o penales", puesto que "se supone que ella es la garante de los derechos fundamentales de los presos y no lo ha hecho", informó Efe.

En este sentido, el vocal de la APDH indicó que, desde el pasado lunes, siete presos del régimen del Fichero Interno de Especial Seguimiento (FIES) se encuentran en huelga de hambre en la cárcel de Jaén II para "denunciar la violación constante y continua de sus derechos fundamentales".

Costa indicó que entre estas denuncias se encuentran "palizas a los presos, esposamientos dentro de sus celdas incluso durante días, incitarles a mantener una mala conducta para justificar partes arbitrarios y desnudos integrales diarios, además de coacciones y amenazas".

La jueza, Carmen Navajas, explicó a este respecto, que aun siendo verdad que se habían empleado medidas coercitivas contra los reclusos, éstas se realizaron como respuesta a los ataques y agresiones que sufrieron los funcionarios de prisiones por parte de los presos.

La jueza añadió que los presos a los que hace mención APDH-A son extremadamente peligrosos, y en alguna ocasión han llegado, incluso, a intentar quemar la prisión.

Igualmente, el vocal de la Comisión de Cárceles de la APDH destacó que "también los familiares han sido objeto de estos tratos degradantes" y que incluso "se ha dado el caso de que les hayan obligado a ellos a desnudarse para comunicar con los internos".

A este respecto Carmen Navajas contestó que en los casos de los familiares se han efectuado los registros pertinentes al ser habitual en ellos el intento de introducir drogas y objetos prohibidos.

Por su parte, los representantes sindicales del centro penitenciario Jaén II anunciaron el 17 de noviembre que están estudiando llevar a cabo acciones judiciales contra el vocal de la Asociación Pro-Derechos Humanos de Andalucía, Antonio Costa, tras las declaraciones en las que éste denunciaba la situación de "malos tratos físicos" en la que se encuentran los llamados internos FIES (Ficheros Internos de Especial Seguimiento).

Los representantes de UGT, CC.OO., USO y CSI-CSIF manifestaron que estas declaraciones están llenas de "falsedades, calumnias e injurias" hacia los 350 profesionales de la Prisión Jaén II, informó Europa Press.

El responsable de UGT, José María Hernández, señaló que dichas declaraciones son "una tomadura de pelo", y añadió que el vocal de la Asociación Pro-Derechos Humanos de Andalucía "olvida" la trayectoria y existencia de más de 600 internos y se centra en la situación particular de 7 u 8 reclusos FIES por ser delincuentes de extrema peligrosidad y de especial seguimiento.

Redacción

Día 3.900

Triste, día muy triste, hasta la naturaleza parece que guarda luto acompañando con niebla y oscuridad.

Todo ha comenzado con un flash informativo: detenciones, operación policial, resistencia, compañeros muertos... No hace falta esperar versiones oficiales, siempre y en todos los casos son las mismas. Conocemos la realidad. Hace meses o años todos la hemos sufrido y hoy la revivimos en la piel de nuestros compañeros. Sabemos la realidad, lo que estarán pasando quienes han quedado vivos, sus familias, sus seres queridos, todos nosotros...

Un flash informativo es la señal de salida para estar pendiente día y noche de las noticias, de los telediarios, de los partes radiofónicos... Se repiten, dicen lo mismo, pero se escuchan una y otra vez. ¿Hay algún dato nuevo? No... todo igual... no importa... se vuelven a escuchar. Se consiguen periódicos, se aprovechan las comunicaciones o el teléfono para ir arrancando datos a la verdad, de nuestra verdad, de la verdad por la que luchamos.

Indignación ante la versión oficial. Ni siquiera se cuidan de que parezca creíble: para eso mandan ellos. Años de comprobar diariamente las mentiras, las manipulaciones, las intoxicaciones, las falsedades..., no ha hecho que perdamos nuestra capacidad de asombro ante tanta desfachatez.

Los cuerpos de nuestros compañeros atravesados por las balas es el sacrificio periódico en sangre que todavía se cobra la guerra por una sociedad más justa, más libre, más solidaria... Para que Euskal Herria pueda ser Euskal Herria.

Para los compañeros muertos ha terminado el esfuerzo, de repente, casi sin darse cuenta. Para los que han quedado vivos han empezado muchos días de sufrimiento, de malos tratos, de humillaciones... Para todos, para nosotros, es un día tremendamente triste.

Ahora, en estos instantes, las familias de los muertos lloran, guardan luto, les parece una pesadilla, un negro sueño del que no consiguen despertar. Las familias de los vivos intentan comunicarse con sus hijos, saben que están atados, que sufren la bañera y los latigazos de la electricidad. Se desesperan. Se desesperan y esperan...

Día 1.304

¿Sabéis que una bolsa de agua es efectiva contra las moscas? Todavía no sé si es cierto o no, pero algo habrá de verdad cuando llegado el verano se puede ver este sistema en algunas ventanas de la cárcel.

Ha de ser una bolsa de plástico transparente, se llena de agua y se cuelga en el centro de la ventana. Con ello parece que entran menos moscas.

¿Entran realmente menos? Yo creo que sí, que algo hace, aunque quizás lo importante es pensar que tienes algún sistema para combatir su invasión, que no te dejas comer por ellas sin defenderte.

Las que a pesar de la bolsa entran, no queda más remedio que aplastarlas.

Día 1.612

Me ha pedido hilo y aguja, le he preguntado de qué color y me ha respondido que de cualquiera. Se lo he dado y ahora lleva los labios cosidos. Le había intentado convencer de que no lo hiciera pero su decisión era firme. Si no se cosía la boca le dirían que comiera, y está dispuesto a continuar la huelga de hambre durante el tiempo que sea necesario, y sin que los carceleros puedan utilizar mentiras para desvalorizarla: no podrán decir que se alimenta.

Hacía tiempo que no veía una acción como ésta, incluso casi se me había olvidado que existieran, pero no..., ahí está andando por el patio y con la boca sellada. Ha quemado la aguja. Se ha puesto delante de un pequeño espejo. Ha cosido sus labios. Ha dejado únicamente un mínimo espacio en el centro para introducir una paja y poder beber agua.

Pide que le escuche el juez. Lleva diez meses en prisión preventiva por un robo que según él no ha cometido. Ha entrado en anteriores ocasiones en la cárcel. Ha pagado pequeñas condenas, pero dice que ésta no, que él no ha sido, que tiene testigos, que aportará pruebas para demostrarlo, que sólo quiere que le reciba el juez.

Le detuvieron, le encarcelaron en un paso relámpago por

el Juzgado y desde hace diez meses espera que le vuelvan a tomar declaración.

No tiene abogado. Es indigente. Le nombraron un abogado de oficio al que no conoce y que nunca se ha puesto en contacto con él.

Le intento ayudar: escrito al Colegio de Abogados, escrito al Juzgado de Instrucción, escritos a asociaciones de ayuda a presos, instancias al director de la cárcel, al educador, a la asistenta social...

Se lo he dicho, es mala época. Finales de julio. Los jueces se van de vacaciones. En vacaciones sólo reciben a los ricos, los pobres han de esperar al otoño.

El mes de agosto lo pasará con los labios cosidos con hilo azul.

Día 2.920

Hay un funcionario de guardia al que realmente se le puede llamar funcionario y no carcelero. Es una excepción. Desconozco cuál será su historia ni cómo habrá terminado en una prisión, pero su comportamiento no encaja con el habitual, e incluso da la sensación de que se mantiene distante de los demás carceleros. A los presos políticos nos trata con corrección: nosotros también a él. Con los presos sociales es amable, y les hace favores más allá de su obligación: le respetan.

Habla poco, pero en los hechos demuestra su comportamiento. Cuando se le solicita alguna petición la gestiona sin demora. Cierra las puertas con suavidad. Habla educadamente. Se le ve leer. Se preocupa por la higiene de las instalaciones y de las personas...

Los únicos que en ocasiones se esconden de él son los presos sociales poco aficionados a la ducha, que los hay y numerosos. Esta mañana ha sido una de esas ocasiones. Calor sofocante y pegajoso, de esos días en los que no vuelan ni los mosquitos porque caen fulminados. Cuerpos sudorosos y malolientes, pero en la ducha siempre entramos los mismos, unos pocos.

El funcionario ha comprado en el economato dos botellas

de gel y las ha pagado de su bolsillo: entre los presos hay muchos indigentes. Ha salido a la puerta del patio y ha empezado a llamar a los viejos conocidos que tienen fobia al agua. Los ha tenido que capturar uno a uno, mientras intentaban despistarle. Les ha acompañado a la ducha: en total más de una docena. Para los que tenían la ropa muy deteriorada, ha pedido y traído otra nueva del almacén. La de ellos la ha mandado a la lavandería. Con alguno de los más reacios ha esperado a verle debajo del agua para que no se le escapase al darse la vuelta.

Limpios de ropa y cuerpo les ha dejado llamar por teléfono a sus familias a los que han querido, quizás para compensarles por el mal rato pasado.

Ha habido cachondeo, risas y bromas a los enemigos del agua, pero buen ambiente. El funcionario continúa serio, en su sitio, se le respeta, es una excepción.

Día 4.450

–¿Qué te pasa Kroma? Tienes muy mal aspecto.

–Sí... me estoy consumiendo día a día.

–Hace un par de semanas que no te veía y has adelgazado una barbaridad.

–Es que no puedo comer nada. Todo me sienta mal. Me canso mucho. Me cuesta estar de pie.

–Menguele ¿qué te dice?

–Que adelgazo por no comer lo que traen de la prisión.

–¿Te han puesto alguna dieta de comida especial?

–No, nada. La comida general, y es imposible que pueda comer nada de eso.

–Bueno... a ver qué te dicen hoy en el hospital...

Y ahora la conversación que hemos mantenido Esteban y yo en el pasillo, ha cobrado todo su significado.

Hace más de dos meses que permanecemos «txapados» en las celdas saliendo únicamente para las comunicaciones por lo que no nos veíamos desde la última vez que fuimos juntos al locutorio: en dos semanas su aspecto se ha deteriorado enormemente. Hacía mucho que no se encontraba bien y venía padeciendo diversas dolencias: Hacía más de dos años que se le debían haber realizado determinadas pruebas médicas siempre interrumpidas por los constantes traslados, y con la justificación: «Cuando vaya a la próxima prisión que se las hagan allí».

Hoy, después de tanto tiempo, nos han sacado al hospital, y aprovechando el viaje nos han llevado a los dos juntos. Pero lo mío no es nada, al que le tienen que mirar bien es a él.

Bajo de estatura pero muy fuerte y con un apetito atroz, lleva meses, años, que apenas come, que se cansa, que ha dejado de asomarse a la ventana para charlar para no tener que estar de pie. Se ha ido quedando en huesos y piel de color cetrino. Lo único que mantiene intacto son los ojos repletos de fuerza, de orgullo, de dignidad y de vida. Es evidente que está muy enfermo, todo el mundo lo ve. Todo el mundo menos Menguele, el médico de la cárcel.

He entrado a la consulta del especialista después de él y el médico les estaba comentando a los guardias civiles: «Tiene que quedarse aquí ahora mismo». Los txakurras le han respondido: «No... éste tiene que volver a la cárcel». Pero tampoco a estas frases les he encontrado el verdadero significado hasta ahora.

Volviendo en el furgón le he preguntado: «¿Qué te han dicho?». Respondiéndome: «A mí no me han dicho nada». Qué raro... a mí enseguida me han comentado que mi dolencia no tenía importancia, y a él ¿por qué no le han dicho nada?

Ahora todos los hechos, conversaciones, dolencias y síntomas de los últimos años han completado el desgraciado puzzle de su situación.

Con él somos cuatro compañeros los que nos encontramos en borroka sin salir de las celdas. Hemos oído que habrían su puerta y que le decían alguna cosa. Nos ha llamado por la ventana:

–Iñakiiii...

–Dime Kroma.

–Ha venido el médico. Dice que han encontrado diferentes tumores en diversas partes del cuerpo y que ahora mismo me llevan al hospital. Voy a recoger las cosas.

–No te preocupes, seguro que con lo brutos que son se habrán equivocado y no tienes nada importante.

–Ya... pero yo creo que lo mío no tiene vuelta de hoja.

Día 1.975

A mi vecino le han encontrado en un gran charco de sangre. Me resultó extraño lo silencioso que se quedó ayer por la noche, pero lo atribuí a la medicación que le habían dado. Pensé que se habría dormido, y lo que se estaba era desangrando: el silencio era de agonía y muerte. No le había visto nunca, no sabía nada de él, únicamente que esta mañana estaba muerto.

Entre el alboroto de ayer noche, el revuelo de esta mañana, comentarios escuchados y algún dato proporcionado por el preso destinado aquí, en la enfermería, puedo reconstruir lo sucedido.

Pese a ser joven llevaba gran parte de su vida en la cárcel y en permanente enfrentamiento con el sistema penitenciario. Prácticamente no había salido de los aislamientos. Después de uno de los conflictos periódicos con los carceleros, por un motivo que ya no tiene importancia, se «chinó», se cortó las venas de los brazos. Cortes altos y profundos que en el momento casi le cuestan la vida. Le atendieron, le cosieron y le trajeron a la enfermería. Había perdido mucha sangre, pero no le sacaron al hospital. Débil, autolesionado y esposado continuaba en su discusión con los carceleros, y por ello lo ataron a la cama y lo medicaron para sedarlo. Atado y drogado cerraron la puerta de su celda. Chilló, protestó, pero nadie le atendió, nadie volvió a abrir la puerta para comprobar su estado. Los gritos fueron disminuyendo, los carceleros no aparecieron y todo quedó en silencio. Pensé que el agotamiento y la medicación le habían rendido.

Al efectuar el recuento de la mañana las sábanas eran su sudario de sangre. Muerto hacía horas. Muerto y atado a la cama. Dicen que al intentar librarse de sus ataduras se le soltaron los puntos de sutura de las heridas, y éstas volvieron a sangrar. Dicen que le ataron para que no se autolesionara más. Dicen que la culpa es suya hasta después de muerto. Nadie dice y ninguna investigación dictaminará cómo se puede coser, drogar y atar a una persona y no volverle a mirar en toda la noche. Nadie dice que si se le hubiera cosido bien no se le habrían soltado los puntos, que si se le hubiera llevado al hospital ahora estaría vivo. Todo fue por su bien, todo reglamentario y ahora está muerto. El archivo de la incidencia es seguro.

Día 0010

El primer día en prisión es un cúmulo de sensaciones difícil de describir. Después de nueve días en la comisaría mi estado de ánimo es de alivio. ¡¡Qué digo de alivio!!, estoy eufórico: los interrogatorios se han acabado. ¿Cuántos días han pasado en los bajos de la Brigada Central de Información, cuántos en los sótanos de la Dirección General de Seguridad en La Puerta del Sol? ¿Han sido nueve, diez, ocho?; en realidad da igual... Perdí la noción del tiempo en el momento de la detención y lo estoy recuperando ahora poco a poco. Estoy contento. Nunca pensé que llegaría hasta aquí. Siempre creí que sucedido lo sucedido ahora estaría muerto. Todos mis compañeros están bien. Nos hemos visto en La Audiencia Nacional, hemos podido chillarnos de celda a celda y a nadie se le ve derrotado. Detenidos sí, derrotados ninguno.

El tránsito desde la detención hasta el momento de traspasar la puerta de la cárcel ha sido duro, pero menos de lo que esperaba, y menos de lo que mis compañeros y yo nos habíamos pronosticado para el día en que nos llegasen a localizar. Entre todas las posibilidades, la de vernos en el interior de la cárcel era la más remota, la menos comentada, conscientes de que lo que el futuro nos deparaba era el cementerio. Nos equivocamos.

Primer día de un largo futuro de encierros e ignorante de lo que me espera. Pero estoy contento: la responsabilidad de la detención del comando no ha sido de ninguno de los detenidos. Por ninguno de los detenidos se han producido más detenciones. Venga lo que venga esa satisfacción nos acompañará siempre. Nadie sufrirá por nuestra culpa, lo que vamos a sufrir nosotros. Nadie debería sufrir nunca por la incompetencia o debilidad ajena.

Todavía no conozco nada de lo que tendré que vivir aquí, pero ya tengo grabadas las primeras imágenes de este mundo.

Parece que al fin y al cabo no me había equivocado tanto, que he entrado en un cementerio, pero de muertos vivientes, de zombis.

Gestos desconfiados. Ojos sin luz. ¿Todos los presos tienen la misma mirada? Desde lejos se me acercan personas totalmente vivas, hasta su andar es más rápido... son compañeros políticos que me acogen, que me dan tranquilidad. También veo presos sociales vivos, pero la mayoría se encuentran en estado de abandono, de miseria, de derrota.

Dentaduras destrozadas. Enfermedades de la piel. Delgadeces extremas. Tatuajes «talegueros». Miradas perdidas.

«Trapicheos»: se venden chándals, zapatillas, relojes, riñoneras, radios...

Atuendo carcelario: chándals... muchos chándals... Chándals con zapatos mocasines negros y calcetines blancos. Nunca había visto tantos calcetines blancos por metro cuadrado como hasta hoy.

Escupitajos en el patio: se habla y se escupe. Al ser invierno toda la cárcel debe estar acatarrada. El patio es un mosaico de «gargajos» verdes y consistentes: todas las tonalidades de verdes compiten con la naturaleza que se ha quedado en el exterior.

Argot «taleguero»: Colocar (detener), mullao (muerto), chata (escopeta de cañones recortados), mojar (hacer sangre), fina (estilete), etc.

Ruido. Un ruido tremendo. Creía que la cárcel era un mundo silencioso, y por el contrario, tanto ruido obliga a hablar levantando la voz: ruido de puertas, ruidos metálicos, ruidos de megafonía, ruidos de voces... Supongo que los aislamientos serán más silenciosos, pero mi entrada en Carabanchel me ha sorprendido. El ruido es ensordecedor.

Miseria: ¿tienes tabaco?, págame un café, déjame una gamba (100 ptas.), dame un sello, un folio, unas pilas... INDIGENCIA.

Y... todo ello andando de extremo a extremo del patio sin parar.

Se llega al muro y vuelta. ¡Qué imagen tan extraña en los humanos! Tampoco nos diferenciamos tanto de los animales, dando vueltas en el interior de la jaula de un zoo. ¿También yo daré mañana vueltas al patio con tanta ansiedad?

Día 0234

La única forma de tener las estrellas sobre la cabeza es amotinarse.

Me gustaba dormir en el monte con el saco sobre la hierba sin más techo que el firmamento, pero hasta ahora no había valorado en su justa medida la grandeza de esa sensación; mirar hacia arriba y sentir la noche únicamente iluminada por la luna y las estrellas. Desde que anochece el patio de la cárcel permanece cerrado, y mirar al cielo desde la ventana no es lo mismo: el hierro te aleja de él.

Un compañero ha llamado al maestro. Ha venido un maestro carcelero, y además de no solucionar el problema, le ha mandado a aislamiento por una discusión. Hemos hecho asamblea y nos hemos negado a ello: «Si al compañero lo aíslan por la inutilidad de un maestro, nosotros nos amotinaremos y no entraremos en las celdas». Nos meterán por la fuerza: empieza la movida. Ida y vuelta de carceleros y de jefes de Servicios: no nos moverán.

En esta prisión llaman a la Policía Nacional. Ocupan todo el pasillo al otro lado de las puertas automáticas. Con todo el poder de tanto uniforme y medios «antidisturbios» a su espalda, el jefe de Servicios se acerca a los barrotes: «Es el último aviso. Suban a las celdas». ¡¡¡NO!!! Tras unos instantes regresa con una escopeta de botes de humo en las manos: «Apártense de las puertas. Es una orden. Vamos a disparar». ¡¡¡NO!!! Y... dispara gas al interior del módulo. Activan los mecanismos automáticos de las puertas pero hay palos de escoba en las cadenas, y los motores se queman. Las puertas están atrancadas: ellos afuera y nosotros dentro. ¡¡¡CACHONDEO, RISAS!!! Todo el módulo lo tenemos abierto, el patio también, y el gas va desapareciendo sin crear excesivos problemas.

Aquí las decisiones son lentas. Habrán tenido que consultar a algún ministro, o no encontrarían el enchufe de la luz, pero para traer herramientas y forzar las puertas han tardado varias horas y la noche está avanzada.

Hemos paseado por el patio, hemos visto el cielo, hemos comentado lo cabreados que estarían cuando entrasen.

Los medios de comunicación están muy bien informados: un compañero se ha asomado a una ventana con una fregona en la mano, e inmediatamente hemos escuchado en la radio que estábamos armados.

Ya entran... pero quizás por el hastío de la espera no entran corriendo. ¡Qué raro! Han entrado muy tranquilos, andando en hileras, con los escudos por delante. Nos hemos metido en las celdas y han ido cerrando las puertas. No ha habido carreras, no han apaleado a nadie, y además hemos podido ver las estrellas.

Día 2.031

Tras días de intentarlo he obtenido una explicación razonada por la cual no se puede obtener sal en la prisión. Conociendo el motivo voy a tener que cambiar la costumbre de lavar la ensalada, cuando la traen, y añadirle mi propia sal.

Hasta hace unos días la vendían en el economato, e incluso la proporcionaban durante el reparto de la comida, pero, de repente, desapareció convirtiéndose en un producto difícil de conseguir.

Se la pedí a los repartidores de la comida, y no la tenían. La encargué al economato y no la había. La solicité por instancia al demandadero, y me la tacharon de los productos autorizados. La cuestión empezaba a tener misterio. Se me pasó por la cabeza que tal prohibición podría venir por algún motivo relacionado con las drogas: ¿quizás se utilizaba la sal para alguna mezcla? La ignorancia me hacía pensar en todo tipo de causas sin que encontrase lógica ninguna. ¿Cuál podría ser la razón por la que hay más mercado de heroína y cocaína en la cárcel que de sal?

He hablado con el carcelero y no lo sabía o no ha querido decírmelo. He pedido que viniera el jefe de Servicios y la suerte ha hecho que estuviera de guardia uno con el que se puede hablar, es bastante correcto y procura dar respuestas razonadas, aunque no sean razonables.

–Parece que han prohibido la sal y quisiera saber la causa y si esta medida es definitiva.

–Ha sido una orden de Dirección.

–Pero ¿por qué?

–Porque hace unos días un interno intentó suicidarse comiéndose un kilo de sal. Lo llevamos al hospital muy grave.

–Yo no me como la sal por kilos, ¿no me la puede autorizar?

–Es una orden de Dirección y yo no puedo hacer nada.

No he insistido más. Conozco la cárcel y su lógica del absurdo.

Hoy no tengo ganas de empezar con papeleos y quejas por unos gramos de sal, así que esperaré unos días a que se olvide tal prohibición y vuelvan a venderla en el economato.

Día 0350

¡Qué cantidad de comida! Habrá que aprovechar estas navidades ya que esto de los paquetes de comida tiene pinta de acabarse. En algunas cárceles los han empezado a prohibir. De momento hoy engordaremos, y mañana ya veremos...

Paquetes extraordinarios de comida para Navidad, en los que nuestras familias, como en todo, se han volcado. Las cosas que saben que nos gustan, los caprichos que no hemos probado hace tiempo, las delicias que quizás no volvamos a probar. Preparadas con cariño, intentando siempre meter unos gramos más del peso permitido, algún producto especial no del todo autorizado. Viajes... explicaciones del contenido del paquete... «¿Ya os lo dan todo?»... Sí, este año nos lo han dado todo, lo hemos juntado todo y en la comuna tenemos una cantidad enorme de alimentos. Cajas de quesos, de embutidos, de frutos secos, bacalao, chuletas, kokotxas, lenguas... y mariscos. Montones de mariscos. Tenemos barreños grandes, de los que se utilizan para lavar la ropa, repletos de langostinos, cigalas... y mariscos de todo tipo.

Ahí está el carcelero de guardia en su rincón. Hoy le toca a Carpanta. No sé cuándo ni quién le puso el mote, pero adivino que será porque su principal actividad durante las guardias es comer bocadillos de mortadela. Está con otros dos carceleros más, pero el jefe es él. Los otros dos no comen, pero miran su mortadela. Carpanta mira nuestros langostinos. Todo en orden. En su casa tampoco debe tener televisión, pues observa los productos del mar como si no los hubiera visto nunca.

No sé... a pesar de ser el enemigo casi dan ganas de darle uno pequeño, para que sepa lo que se pierde. Mejor no..., no se lo damos y le hacemos un favor, no sea que le deje de gustar la mortadela y le amarguemos el resto de su existencia. Tan malvados no somos.

A unos cuantos compañeros les ha tocado preparar la cena. Lo que han traído de la cocina de la cárcel no lo hemos tocado. Los «compas» han calentado y preparado todo bien..., con cariño, para no desmerecer el puesto en origen.

Hemos comido lo que hemos querido, y ha sobrado mucho para días posteriores. Tripas hinchadas, chistes, bromas, «batallitas», y durante ese tiempo ha parecido que las ventanas no tenían barrotes, o al menos no los veíamos, hasta que ha llegado la hora en la que nos encierran en las celdas.

Carpanta se ha levantado de su rincón, ha recogido cuidadosamente en una servilleta de papel los restos de mortadela y educadamente nos ha dicho: «Vayan subiendo a las celdas». Todo ello sin dejar de mirar las cáscaras de los langostinos.

El año que viene, con total certeza, nos prohibirán el paquete de comida por motivos de seguridad.

Día 4.568

Las malas lenguas dicen que es nieto, hijo y sobrino de guardias civiles, que nació en una casa cuartel, y que él también lo intentó pero al no dar el nivel suficiente se decidió por las prisiones. No lo sé... pero lo que sí he podido comprobar por mí mismo es que se parece a Miky Mouse, en pálido y sin ninguna gracia.

Estábamos en el comedor durante la cena y el carcelero había llegado a lo más alto de su autosatisfacción por el trato que daba a los presos políticos vascos. Desagradable, cortante, grosero y provocador desde que se le ha conocido. Hoy se sentía especialmente orgulloso de su comportamiento y se lo hacía público a un grupo de presos sociales. Entre miradas y sonrisas hacia nuestra mesa, les decía: «A los etarras hay que tratarles con dureza. No hay que pasarles ni una. Hoy mismo no les he dejado saludarse cuando han llegado dos nuevos al módulo». Los presos sociales callaban.

Al terminar la cena un compañero se ha dirigido hacia él diciéndole: «¡Eh, tú! ¡Carcelero! ¡Ven aquí! Quiero hacerte una pregunta: ¿Tú tienes las orejas así de nacimiento o es que te agarran de ellas para darte por el culo? Lo estamos hablando entre nosotros y no sabemos si es por eso o porque metiste de pequeño la cabeza en la caseta del perro y no la podías sacar. Piénsalo y nos dices la respuesta ¿de acuerdo?». Los presos sociales contenían la risa como podían.

El carcelero no ha abierto la boca. Apoyado en la pared, en silencio, ha ido cambiando de color hasta ponerse de un rojo intenso y sudoroso. Probablemente por el compromiso de no saberse la respuesta.

Cuando nos hemos ido al patio, el carcelero ha corrido al teléfono para pedir instrucciones. Sorprendente comportamiento para quien le gusta que le escuchen su frase predilecta: «Mi padre les detiene y yo les curro».

Treinta días de sanción merecerán la pena.

Día 2.827

Estoy en una celda cualquiera de una cárcel cualquiera. He conocido muchas, malas y menos malas, lejanas y menos lejanas, pero con un denominador común, la cárcel siempre es cárcel. Ésta tiene tres por cuatro metros. Un W. C. de pie o sea un agujero en el suelo. Un lavabo. Un pupitre pequeño de metal atornillado al suelo. Un camastro de metal preparado con unas argollas para cuando quieran atar a algún preso. Una ventana, que además de los barrotes está tapada por una chapa metálica con pequeños agujeritos y que apenas permite el paso de luz. Y el «cangrejo»: esto es lo que más impresionaría a quien viera la celda. Hay muchos tipos de cangrejos pero el de aquí es «especial». Se trata de una segunda puerta colocada en el interior de la celda y que permite que cuando abren la que da al pasillo, el preso continúe encerrado. A través del cangrejo se realizan las actividades rutinarias que requieren algún trato con los carceleros: reparten la comida, te dan las sanciones, etc. En este caso el cangrejo ocupa la quinta parte de la celda. Es un gran cajón de barrotes y chapa con una abertura al ras del suelo. Esa abertura podría estar hecha en cualquier otro lugar de la chapa, pero entonces no cumpliría su principal misión, humillar al preso y que se agache cada vez que ha de recoger algo. Que lo coja del suelo.

Muchísimo calor en verano y muchísimo frío en invierno. Sólo autorizan dos mantas. La ventaja del frío es que no te atacan las plagas de mosquitos ya que esta cárcel fue construida en terrenos pantanosos. Las que no están sujetas a diferencias climatológicas son las ratas: las hay como cobayas. Contra ellas la defensa es mucho más fácil que contra los mosquitos. Entran por el agujero del W. C. de pie, el cual tiene la misma medida que las botellas de agua. Se llena una botella y se encaja en el agujero. Por las noches se puede escuchar cómo rascan el plástico intentando entrar, incluso a veces la rompen y escapa el agua. No hay problema se cambia de botella y solucionado. En estas celdas permanecemos veinte horas diarias y las otras cuatro son de patio.

Miro por un agujerito de la chapa de la ventana y veo un muro a cuatro metros que lo tapa todo. No sé para qué pusieron la ventana, seguramente la legislación no permite celdas sin ventanas. Así es todo legal, hay una ventana... tapada.

Día 1.870

Desde el fondo del pasillo veo venir a mi compañero, regresa de la enfermería a la que me dirijo. Cumplimos la rutina diaria de pasar el control sanitario desde el día en que iniciamos la huelga de hambre. Constantes médicas: pulso, tensión, peso. Preguntas de rigor: ¿Come? ¿Bebe? ¿Cuántos litros de agua? Y..., con gesto de aburrimiento el médico o ATS completa una ficha impresa para terminar diciendo: «Se puede ir».

Cuando hice la primera huelga de hambre pensé que estas fichas eran para controlar la salud del huelguista, pero ahora, después de numerosas realizadas, sé que es para controlar su deterioro. El secreto médico no existe en las cárceles. La primera misión del médico de prisiones es la de ser carcelero y encubrir en todo lo que sea necesario a la institución penitenciaria; y en segundo lugar es sanitario, que de alguna forma hay que justificar el sueldo.

La ficha diaria que nos hacen sirve para elaborar informes cuyos destinatarios finales son el director de la prisión y la Dirección General de Instituciones Penitenciarias. Con ellos se hacen una idea exacta de cuál es la situación, lo que les permite dejar que el preso se deteriore al máximo con el fin de afrontar la solución al conflicto desde una postura de fuerza.

El director de una cárcel reacciona sobre la base de cuatro argumentaciones tan elementales y lógicas desde su cultura represiva, como lo hace un presidente de Gobierno con un pueblo oprimido:

–La Dirección no cede al chantaje.

–No existe ningún motivo que justifique la lucha.

–El único conflicto es la lucha en sí, y desaparecida ésta desaparece el conflicto.

–Cuanto más deteriorado se encuentre el huelguista más ganas tendrá de empezar a comer, y lo hará por nada o por unas migajas.

Mi compañero y yo avanzamos el uno hacia el otro escoltados por varios carceleros, y al cruzarnos, en un rápido gesto, se quita la camiseta. No nos dejan pararnos pero he visto lo que quería enseñar y lo que ya sabía: tiene toda la espalda cruzada por líneas moradas, marcas de porrazos que recuerdan imágenes de pieles destrozadas a latigazos.

Hace cinco días, tras una discusión intranscendente con un carcelero, nada hacía pensar que el asunto fuera a mayores, pero la mala suerte hizo que se encontrara de guardia un jefe de Servicios apodado el Torturador y siempre presto a cumplir con su profesión. Nuestro compañero fue inmovilizado y esposado a los barrotes de la ventana a modo de reo atado a la picota, y el torturador en persona ejercitó el castigo.

Continuarán los malos tratos. Continuará la actitud represiva de la Dirección de la cárcel. Continuaremos en huelga. Continuaremos en lucha, de ésta o de otra forma.

Día 4.603

Hoy es el día de cobro en el que nos pagan unas cantidades semanales a descontar del dinero ingresado por nuestros familiares y amigos en la cuenta de peculio.

Los días como hoy toda la actividad gira en torno al dinero. Para dentro de dos o tres días casi nadie tendrá un duro, y el resto de la semana la mayoría de los presos sociales vivirán pidiendo prestado, empeñándose hasta el próximo día de paga, o simplemente mendigando, pero hoy..., hay dinero. En el economato se hacen compras de todo tipo, se pagan deudas contraídas, y sobre todo es el gran día para consumir droga. Hay dinero fresco, y los que la tienen la sacan al mercadillo. El módulo tiene una actividad desbordante. Si quedásemos dormidos y despertáramos el día de cobro la equivocación no sería posible: En el W.C., en las duchas, en las mesas del comedor o de la sala de televisión, gran parte de los presos se drogan. Ayer eran rostros apagados, hoy sus caras son diferentes. Circula mucha heroína que les produce sensación de relajación y agilidad en el cuerpo. Están a gusto. Se frotan los brazos, la nariz, el pecho, amortiguando picores de bienestar. Algunos incluso aprovechan hoy la droga para hacer deporte cuando ayer apenas podían moverse.

La heroína que consumen en la cárcel es, normalmente, la

de más baja calidad. «Burro», «caballo» o «jaco» que no suele tener más de un tres a un cinco por ciento de pureza; el resto es mezcla con todo tipo de porquerías. A veces obtienen heroína blanca, o marrón de mayor pureza, pero eso son lujos para los más adinerados o los mejor organizados. La que circula habitualmente es de color café con leche, más o menos oscuro. Es polvo, aunque también la tienen en forma de pequeñas piedras, similar a trozos de tiza marrón mezclados con polvo.

La consumen de tres formas: esnifada, inhalada e intravenosa. Esnifada por la nariz es la menos habitual, al producirles menos efecto e intentar «colocarse» lo máximo con el mínimo gasto. Lo corriente es el «pico» y el «chino».

Para inhalar un «chino» echan un poco de heroína en un pedazo de papel de aluminio y lo calientan por debajo a uno o dos centímetros de distancia, justo en el punto donde se encuentra. Al calentarla se transforma en una gota marrón oscura, parecida al caramelo líquido, la cual empieza a «correr» por la «plata» a medida que la siguen con la llama del mechero. El humo que expele lo inhalan por la boca con un tubo de papel de aluminio enrollado, manteniéndolo a un centímetro de distancia. Intercalan «caladas» al «chino» con otras de tabaco, con lo cual parece hacerles más efecto.

Para ponerse un «pico» calientan en el culo de una lata de Coca-Cola un poco de heroína junto a cinco o seis gotas de agua o de limón. Lo calientan con un mechero y cuando «ha cogido el punto», cuando se ha disuelto, lo cargan con una jeringuilla filtrándolo con la boquilla de un cigarro. Se hacen un torniquete en el brazo, aunque a veces se pinchan en todo tipo de sitios, y se la inyectan en vena. Una vez pinchada la aguja suelen «flaxear» el contenido, que consiste en extraer sangre a la jeringa y volverla a bombear a la vena cuatro o cinco veces seguidas para que de esta forma les «coloque» más.

Mañana, los que tienen menos dinero empezarán con el «mono», pero eso es otro día.

Día 2.007

Dicen que el permanente acoso que manifestaba hacia los presos sociales respondía a motivaciones personales. Cuentan que era cocainómano y que en una ocasión al volver de un barrio marginal de adquirir droga, le reconocieron, le robaron y le hicieron a cuchillo la cicatriz que le cruza la nariz. Parece ser que fue boxeador y que cuando meses más tarde le detuvieron y reconoció a quien le había marcado de por vida, puso en práctica sus conocimientos para mandarlo al hospital de una paliza. Tal vez todo esto sólo sean medias verdades, pero lo que sí he comprobado por mí mismo es que, salvo a los presos sociales que se humillan ante él, al resto les hacía la vida imposible persiguiéndoles por cualquier nimiedad. Con nosotros, los presos políticos, procuraba no enfrentarse demasiado aunque tampoco desaprovechaba las oportunidades que surgían para perjudicarnos. Era un carcelero; un carcelero en toda regla.

Le gustaba hacer guardia en el módulo de menores, y siempre tenía a alguno con él en la garita. Cuando se le presentaba la oportunidad de ejercer su facultad sancionadora, a los más jóvenes les daba a elegir: un parte disciplinario y castigo de aislamiento, o unas bofetadas, con el argumento de que era lo mejor para ellos. Muchos, los más asustadizos o los más débiles, ante el miedo a las sanciones preferían los golpes; era su entretenimiento, su peculiar sistema pedagógico, su particular reglamento penitenciario. En otras ocasiones, después de cenar, les ponía a correr dando vueltas al patio como castigo. La mayoría le tenían pánico, y todos callaban ante la amenaza de mandarlos a una cárcel lejana, a miles de kilómetros de su entorno, con un clima helador, y donde apenas podrían recibir ayuda o visitas familiares.

Por lo menos este carcelero estará inhabilitado durante una temporada. En varios años no molestará a más presos. Una condena a cárcel e inhabilitación que se quedará en muy poco tiempo, en la que se le aplicarán todo tipo de redenciones y privilegios, cumpliéndola en un destino complementario a su profesión. Pero ha sido condenado y algo es algo.

Así son las cosas... finalmente no ha sido condenado por malos tratos, ni por rigor innecesario, impensable por la persecución a los presos, no... eso no es demostrable y oficialmente siempre había tenido un comportamiento ejemplar. Finalmente ha sido condenado por violación.

Tenía esa pequeña debilidad dentro de una vida de estricta supeditación al deber. Cuando se encontraba de guardia bebía hasta balbucear y cuando las circunstancias se lo permitían se dirigía al módulo donde están los travestis para abusar de alguno. Aquella tarde-noche bebió, y cuando todas los presos, menos los destinos, estaban cerrados en las celdas fue por uno de ellos. Le abrió la celda y el travestí le pidió dos mil pesetas por el intercambio. Se negó, se lo tenía que hacer gratis. El preso no quería pero al empezar las coacciones y ante la violencia que tomaba la situación, terminó asintiendo. Bajaron a una oficina de la planta inferior, momento en el que el travestí se volvió a negar. Tremendamente agresivo el ex boxeador le empezó a golpear, y con los chillidos y las peticiones de auxilio acudieron los presos de destinos y el carcelero del módulo haciéndose el sorprendido. Abrieron la puerta y encontraron a un travestí aterrorizado y a un carcelero con los pantalones de su uniforme en los tobillos. No pudo correr y le han condenado. Me han dicho que a cinco años de cárcel y que recurrirá la sentencia.

Cuando vuelva a su trabajo tendrá mayores motivaciones personales, y más estímulos, para continuar cumpliendo con su deber.

Día 0994

Esta noche la correría ha durado hasta avanzada la madrugada. Las horas de descanso han sido pocas y me ha sido imposible conciliar el sueño. No han entrado en mi celda, pero la tensión ha sido permanente, y a un preso social se lo han hecho pasar mucho peor que al resto.

Ayer por la tarde trajeron uno nuevo que no conocía ni esta cárcel ni este aislamiento. Hoy se ha convencido por sí mismo de que lo que le contábamos era cierto.

Hacia las doce de la noche empezó a golpear la puerta llamando a los carceleros, le preguntamos qué le sucedía y nos respondió que le dolía el estómago, necesitando tomar algo que le tranquilizara. Se lo advertimos: «Si llamas y no tienes nada importante, vendrán y lo que te darán será una paliza». Insistió, y le ayudamos todos aporreando las puertas. Vinieron. Abrieron su celda y entre gritos y malas maneras le preguntaron el motivo por el que les estaba molestando. Lo contó: «Me duele mucho el estómago». Se fueron dando un portazo. Una hora después regresaron con alguno de bata blanca que le «miró» y «certificó» que no tenía nada. A pesar de las peticiones del preso, casi súplicas, se negaron a proporcionarle ningún fármaco. Cerraron la puerta dando un portazo. En el pasillo pudo escucharse nítidamente: «No tiene nada.

Está con el 'mono' y se lo monta para conseguir algún tranquilizante». Se fueron alejando pasos y voces, pero quienes conocemos este agujero sabíamos que era poco probable que el asunto se zanjara de forma sosegada.

Avanzadas las tres de la madrugada han retornado las pisadas y los ruidos, creciendo, desde un murmullo hasta un estruendo: «Ya vienen». La tensión regresa. Te vistes, te calzas..., por si se animan y abren otras celdas. Pero no..., han pasado por delante y han llegado al fondo del pasillo, a la que ocupa quien les ha molestado.

El tono de las voces, el cachondeo que se escucha, denota que tan avanzada la noche los únicos abstemios somos los presos.

Entre la apertura y el tercer portazo nocturno, la escena escuchada ha sido una repetición de las conocidas en múltiples ocasiones. Un preso arrinconado, asustado, y una celda repleta de uniformes: «Desnúdate», «no tenías nada hijo de puta», «cacheo», «el mono ¡eh!», «haz flexiones», «así aprenderás donde estás»..., plas, plas, plas..., «y si nos haces volver no te librarás con unas hostias».

Le hemos preguntado qué tal se encontraba. Como no ha protestado, ni se ha resistido y ha hecho todo lo que le han ordenado, como le han humillado, únicamente le han propinado unos pocos golpes.

Hoy le verá el médico, y probablemente le atenderá la misma bata blanca que le miró la pasada madrugada.

Día 1.843

El cuadragésimo día de huelga de hambre el director nos ha llamado para negociar.

LO QUE SE HA HABLADO:

Director: –Buenos días.

Preso: –Buenos días.

D: –Siéntese.

Me siento.

D: –No tiene buen aspecto. ¿Quiere que llame al médico?

P: –Me encuentro perfectamente.

D: –Bien... Usted dirá. ¿Quería hablar conmigo?

P: –Yo sólo no. Lo solicitamos mediante instancia dos compañeros, cuando comenzó la huelga, como delegados de los que estamos en esta prisión.

D: –No he podido llamarles antes. He estado en Madrid por asuntos penitenciarios y ni siquiera estaba informado de la anormalidad de toda esta situación

P: –Antes de empezar a exponerle los problemas llame a mi otro compañero designado como representante para hablar con usted.

D: –Es costumbre de esta Dirección el llamar a los internos de uno en uno. Después de usted llamaré a su compañero y posteriormente podrán hablar entre ustedes.

P: –El problema que usted conoce perfectamente, son las condiciones de vida en esta prisión: se nos niegan los vis a vis, las llamadas telefónicas, las visitas de amigos, se nos retienen las cartas de entrada y salida (también en castellano) un mes, las ventanas de las celdas están tapadas por chapas, no podemos estudiar, no tenemos acceso a los medios de comunicación, se nos prohíben las televisiones e incluso las radios en aislamiento, no se nos permite comprar productos alimenticios por demandadero, se nos mantiene aislados y dispersados por todos los módulos, las sanciones son constantes y, lo más grave de todo, que cada poco tiempo algún compañero es apaleado por los carceleros, siendo los malos tratos y las provocaciones constantes.

D: –Bueno..., por partes. Ni en esta prisión ni en ninguna se producen malos tratos. Afortunadamente eso dejó de suceder hace muchos años en las cárceles españolas, quizás durante el franquismo, pero eso quedó atrás y yo no he conocido lo que usted dice, y menos en una prisión dirigida por mí.

Respecto a los temas de comunicaciones y régimen de vida en general ustedes han recurrido a la juez de Vigilancia y ella ha desestimado todas sus quejas.

P: –Ha desestimado todas las quejas porque ni siquiera las admite a trámite y sistemáticamente nos dice ante cualquier petición que eso es de la Dirección. Respecto a los malos tratos usted los conoce y encubre pudiéndolos cortar en el momento que lo desee.

D: –Los funcionarios cumplen con su obligación y si se ha producido algún incidente es porque han sido agredidos y se tienen que defender, y con relación al Juzgado de Vigilancia Penitenciaria lo que me demuestra es que esta Dirección actúa dentro de la más absoluta legalidad.

P: –Mire, vayamos a lo concreto. Llevamos cuarenta días de huelga de hambre y le hemos presentado una tabla reivindicativa a la que no ha contestado...

D: –Sí.., aquí la tengo..., es muy variada, peticiones múltiples...

P: –Porque esta prisión es una de las de peor régimen de

vida y la más lejana de nuestras familias. Resumiendo: no tenemos ningún derecho. La tabla reivindicativa contiene los mínimos que ya están establecidos en otras prisiones y contemplados en el Reglamento Penitenciario.

D: –Bien..., lo primero que tengo que aclararle es que esta Dirección no puede negociar ante medidas de fuerza por parte de ustedes. Dejen la huelga y todo se podrá solucionar.

P: –Cuando no hemos estado en huelga, tampoco se ha solucionado nada, al contrario, nos han apaleado igual y usted ni nos recibía.

D: –Le repito, esta Dirección no puede negociar con los internos, y menos cuando mantienen posturas de fuerza. Pero a esta Dirección no se le puede acusar de mala voluntad ni de que no intente solucionar los problemas que surgen. Por ello he leído y estudiado detenidamente sus reivindicaciones.

P: –Y bien...

D: –Esta Dirección no tiene mucho margen de actuación. Depende de las directrices de Madrid, del Juzgado de Vigilancia Penitenciaria, de los reglamentos, de los límites físicos y humanos de la prisión e incluso de la autonomía que tienen los funcionarios en sus actuaciones. Yo por ejemplo no les puedo decir que no cacheen sus celdas...

P: –Mire..., el margen de actuación de la Dirección es prácticamente total y usted puede decir a los carceleros lo que quiera. En el ejemplo que usted ha puesto no sólo puede decirles que no cacheen sino prohibir tajantemente que nos tiren constantemente nuestras pertenencias.

D: –Se equivoca..., se equivoca... Qué más quisiera esta Dirección que estuvieran todos en cárceles del País Vasco junto a sus familias...

P: –Bueno..., no estamos hablando de traslados, estamos hablando de la tabla reivindicativa que tiene sobre su mesa.

D: –A ver..., esta Dirección va a ser muy escrupulosa y hablará con funcionarios y jefes de Servicios para que no se vuelva a producir ningún incidente con ustedes. Yo le aseguro que no volverá a pasar nada de lo que usted llama malos tratos, aunque los informes que yo tengo de los hechos que han ido sucediendo sean muy diferentes a su versión. En lo referente a las comunicaciones, en esta prisión hay muchos internos y si se les diera algo a ustedes iría en perjuicio del resto. Lo de los vis a vis no está en mi mano; hablaré con la juez para que sea más flexible y probablemente más adelante...

P: –Antes de seguir adelante quisiera saber qué garantías tenemos de que lo que se hable se va a cumplir. ¿Lo que usted diga ahora, luego se va a materializar?

D: –Por supuesto. Sólo tengo una palabra, como hombre y como director de este centro.

P: –Entonces no le importará a usted darnos las instancias autorizadas o acuerdos de Junta de Régimen por escrito con lo que nos diga, ¿no?

D: –Eso no lo puedo hacer. Ya es bastante el que mi disposición sea total para arreglar los problemas que se han presentado. Le aseguro que en cuanto dejen la huelga se notarán los cambios de una forma inmediata. La Dirección del centro tiene más interés que ustedes en que la vida en el centro se desarrolle con absoluta normalidad.

P: –Volvamos a la tabla reivindicativa, si quiere vamos analizando punto por punto.

D: –No es necesario. Esta Dirección se compromete a lo que está en su mano; les pondré en los módulos de dos en dos en lugar de solos. Además les pondré en celdas que tengan ventanas normales, sin chapa que las cubra. Y..., como ya le he dicho no se volverá a producir ningún incidente con los funcionarios. El resto de las peticiones se hablarán con el Juzgado de Vigilancia y se irán aplicando en el futuro. Ahora de forma inmediata no, pero con un poco de paciencia comprobarán ustedes los cambios. Pero lo primero deben renunciar a cualquier medida de presión.

P: –¿Qué sucede con la correspondencia?, nos la retienen un mes.

D: –Este asunto no es competencia mía, sino del subdirector de Seguridad, pero hablaré con él para que la agilice en la medida de lo posible.

P: –Usted no da ninguna garantía, y lo deja todo en el aire. Sólo dice sí a dos cosas de una tabla de más de veinte, y además pone como condición que primero dejemos la huelga.

D: –Es lo único que les puedo asegurar, lo que está en mi mano, y además me estoy arriesgando, pues tengo totalmente prohibido por Madrid negociar con los internos.

P: –Hablaré con mis compañeros y le diremos nuestra respuesta.

D: –He de decirle otra cosa. Para que esto se aplique es necesario la discreción de ustedes. Ni los funcionarios ni nadie deben saber que se ha llegado a ningún acuerdo con ustedes. Me acusarían de haber cedido a sus presiones. Tampoco lo deben saber los medios de comunicación.

P: –Después del apoyo que se nos está dando en Euskal Herria, nosotros no vamos a ocultar nada. El resultado lo haremos público.

D: –Esta Dirección lo negará. Es cosa de ustedes.

P: –Le diremos lo que decidamos por medio del jefe de Servicios.

D: –Buenos días.

P: –Buenos días.

LO QUE SE HA PENSADO Y NO SE HA DICHO

Director: –Ya está aquí uno de éstos que no me crea más que problemas. ¡Que entre!

Preso: –¡Buf! Vaya pinta de chulo que tiene este director.

D: –A ver si se sienta, resbala y se abre la cabeza.

P: –La de bilis que tengo que tragar para sentarme delante de un personaje como éste.

D: –Parece que se está muriendo, así me dará menos guerra.

P: –Por muy mal que me encuentre a ti no te lo voy a decir.

D: –Sé de sobra lo que quieren pero que me lo repita.

P: –Que llame a otro compañero mío de testigo que no me fío un pelo de él.

D: –Mejor no llamo a nadie. Si no hay testigos me queda más libertad para hacer luego lo que quiera con ellos.

P: –Ha estado esperando todo lo posible para llamarnos y así piensa que tiene una posición de fuerza.

D: –Me ha venido bien dejar que lleguen al límite físico. Cuanto más destrozados les tenga, con menos se conformarán.

P: –Bueno..., le tendré que repetir las reivindicaciones aunque las sepa de sobra. Hay que hacer el paripé.

D: –Como que no sé yo lo que ha sucedido. Si yo les dije a mis chicos que los apalearan. Con Franco vivíamos mejor y me protestaban menos.

P: –Se cubre con la juez y es amiga de él. Que me han dicho que los han visto en un restaurante juntos, y también estaba el subdirector de Seguridad.

D: –Para algo tengo jefes de Servicio y funcionarios de mi confianza. Es lo primero que hay que hacer al ocupar la Dirección de una prisión, rodearse de personal fiel.

P: –Se me está escapando por los Cerros de Úbeda. A ver si centro las reivindicaciones.

D: –Bueno..., a ver qué les doy de todo la tabla para que se callen.

P: –Qué teatro haces..., qué asco me das...

D: –Primero que dejen la huelga, que luego si te he visto no me acuerdo...

P:–Si dejamos las medidas de presión, con seguridad que ya no conseguiremos nada.

D: –Les tengo que hacer que dejen la lucha como sea. Luego ya les tengo en mi terreno y a esperar, a ganar tiempo.

P: –Todavía no está madura esta huelga. Si no presionamos más se fastidió...

D: –Puedo hacer lo que me dé la gana, pero poniéndome los límites de Madrid y todas esas paparruchas, justifico el no hacer nada.

P: –Éste puede hacer lo que quiera, sin embargo no tiene la más mínima intención de hacerlo.

D: –En lugar de al País Vasco me gustaría mandarlos a América. Qué pena que se independizaran las colonias. Qué pena que ya no podamos aplicar el garrote vil.

P: –Aquí no hay nada que hacer, pero habrá que seguir con la parodia.

D: –Me importa un bledo la legalidad. La cuestión es hundirles a éstos hasta que renuncien a sus reivindicaciones políticas y pidan únicamente que les apliquemos la ley. Nuestra ley.

P: –A ver qué dice de dar garantías de los acuerdos que se toman...

D: –Sí... Garantías les voy a dar si no pienso cumplir nada.

P: –Je, je. Palabra de hombre y de director dice... como que no sabemos que ha ascendido a costa de apalear presos y hacerse de la UGT. Palabra dice..., lo que hay que oír... A ver si consigo que concrete algo..., pero lo tengo difícil.

D: –De las tablas les daré un par de cosillas, para que discutan entre ellos, las demás las dejo en el aire y así no cumplo ninguna.

P: –Haré la prueba pidiéndole algo tan sencillo de solucionar como lo de la correspondencia.

D: –Sí, hombre ¡Lo de la correspondencia les voy a dar! Después de traerles a miles de kilómetros no les voy a dejar que se comuniquen con sus familias. Les diré que es culpa del subdirector.

P: –Tendremos que hablarlo entre los compas, pero aquí no hay bola que rascar.

D: –No puedo dejar que se haga publicidad de acuerdos por pequeños que sean. Eso me ataría las manos.

P: –Si no hay publicidad, ni testigos, ni garantías, intoxicará todo lo que quiera, meterá porquería entre nosotros, no cumplirá nada y ganará él, que para eso tiene los medios de comunicación en sus manos.

D: –Digan lo que digan yo lo manipularé a mi antojo y solucionado.

P: –Bueno... Me largo, que esto no tiene solución. Es perder el tiempo.

D: –Creo que van a dejar la huelga y si la dejan ganaré un montón de tiempo. Aunque no cumpla nada y la vuelvan a empezar más adelante, eso que he ganado y en ese tiempo, además, a lo mejor se les crean más problemas.

P: –Me voy, que las ganas de vomitar no sé si son por la huelga o de verle.

Día 2.475

Y..., se han llevado al toro en el carro de la comida. Toro pequeño, muy pequeño, más bien un ternero, aunque estaba vivo hasta hace un rato. Seis ternerillos seis, son los que han lidiado en el patio de la prisión y el que los hayan sacado de la «plaza» en el carro de la cocina puede ser un buen augurio para que los próximos días nos alimenten con algún estofado.

Ninguno de los «compas» asistentes a la «fiesta» somos aficionados a las corridas de toros, pero el acudir a ésta nos ha dado la oportunidad de vernos y charlar entre nosotros. Es el día de la Merced, patrona de las cárceles.

Durante los años transcurridos en prisión he notado que antes, el día de hoy, comíamos mejor sin espectáculos, y actualmente se ahorran el menú especial organizando actuaciones a las que asisten el gobernador, el jefe del puesto de la Guardia Civil, el cura y el boticario.

Ayer empezaron a acondicionar el módulo. Pusieron graderíos de madera. Barreras de tablones, burladeros..., y esta mañana han terminado las obras cubriendo el suelo del patio con una capa de arena.

Todo muy cuidado. Ha venido la banda municipal de música instalándose en unas banquetas sobre el tejado del comedor. Por la tarde, a la hora taurina y antes de empezar la faena, la plaza se encontraba repleta de público, que para eso han dejado asistir a todos los presos. El palco de autoridades, debajo de la orquesta, desbordaba personalidades (también el juez de paz y el catedrático del instituto). Tras la barrera de tablones, montones de carceleros vigilaban atentos para evitar la euforia de los espontáneos.

El paseíllo: tres novilleros vestidos de luces se han ofrecido a enfrentarse a los toros y al público. No hay picadores y el alguacilillo va caminando. Abren la puerta de un almacén y sale el primer morlaco: ¡vaya!... ¡qué decepción!..., pero si llega a la tripa del novillero..., pero... si apenas tiene cuernos..., ésta sí que es una pelea desigual..., sin embargo como es la fiesta de la Merced..., ¡alegría! Será más tierno el guisado.

Uno tras otro van saliendo los seis animalitos. Les ponen banderillas, les cortan las orejas y algún rabo. Los matadores tampoco tienen mucha práctica con la espada y a dos de los bichos les sale por la tripa la punta del estoque, si es que son tan pequeños..., pero van muriendo, y cuando ya no cabecean suena la música una vez más abriéndose la puerta del almacén. A falta de mulillas aparecen a la carrera unos cuantos presos de destinos arrastrando el carro de las ollas. Lo agarran por las patas, lo cargan y abandonan el coso sin dar la vuelta al ruedo. Se ha intentado tirar al albero un espontáneo, al cual han sujetado y llevado a aislamiento para terminar la fiesta.

Las autoridades se han dado la mano por enésima vez, los novilleros han tenido una tarde de no hay billetes. Los músicos se han bajado del tejado sin ningún tropiezo, los terneros han muerto como toros y nosotros hemos vuelto a las celdas. Todo ha salido perfecto.

Día 1.312

Alguna utilidad «colateral» se le tenía que buscar a tanta dieta de pollo y es que la imaginación de un toxicómano puesta al servicio de su necesidad no tiene límites y demuestra con toda crueldad la tragedia en la que vive.

No había hablado nunca con él pero me había fijado en su deteriorado estado, delgado y tambaleante. Muchos años de toxicomanía y unos cuantos con el «bicho» (SIDA) devorándole las entrañas, le han dejado en un estado casi cadavérico.

Le he visto con unos huesillos de pollo en un papel; elegía uno y lo rascaba contra el suelo. Me ha llamado la atención, me ha picado la curiosidad al pensar que podrían ser para alguno de los múltiples trabajos manuales que se realizan en las prisiones, utilizando todo tipo de materiales. Le he observado y preguntado qué es lo que hacía. Me ha mirado sin desconfianza al comprobar que era un preso político y tras unos segundos, tal vez decidiendo si descubría su secreto o no, me ha dado la respuesta: «Hago una caña». Le he entendido; una «caña» llaman así a una jeringuilla, pero me resultaba difícil creer. ¿Una jeringuilla hecha con huesos de pollo? Al mostrarle mi incredulidad, y probablemente satisfecho por el trabajo de artesanía que realiza, ha sacado de una bolsa una acabada. ¡Sorprendente! Todas las piezas de la jeringuilla hechas de trozos de bolígrafo, y la aguja de hueso de pollo; hueso fino perforado a lo largo con una aguja de coser, y afilada la punta en chaflán. Un minucioso trabajo, tan minucioso como espeluznante al pensar que con eso alguien puede pincharse en una vena. La ha vuelto a guardar rápidamente poniéndola a cubierto de miradas indiscretas.

Hay toda la droga que se quiere en las prisiones; un auténtico supermercado. Tampoco las Direcciones tienen ninguna intención de cortar tal suministro y se limitan a cubrir las apariencias mediante requisas esporádicas a algunos presos que les resultan molestos. La Administración sabe que mientras los presos dediquen toda su actividad a cubrir su drogadicción, no serán un peligro para el sistema. Además, en el interior de las cárceles el negocio de la droga es más negocio todavía: si en el exterior un gramo de «caballo» (heroína) cuesta seis, siete u ocho mil pesetas, aquí lo convierten en treinta, cuarenta, o cincuenta mil. La «farlopa» (cocaína) se dispara a precios inimaginables. Pastillas de somníferos y tranquilizantes que en una farmacia cuestan muy poco dinero, en este mercado se pagan entre quinientas y mil pesetas por pastilla. Todo ello se compra y se vende, se trueca y se consume sin apenas obstáculos. Por el contrario, los medios que prevendrían al toxicómano contra una enfermedad secundaria a su dependencia, están prohibidos; están perseguidos los medios para desinfectar las jeringuillas, y las mismas jeringuillas.

Mientras continuaba afilando el hueso de pollo me ha explicado lo que le llevó a fabricarse sus propias «cañas». Es indigente y una jeringa nueva puede costar en este mercadillo tres, cuatro, o cinco mil pesetas, y él no se lo puede permitir. Habitualmente se pincha con una alquilada, hay varias en el módulo y por doscientas pesetas se pueden utilizar. Con la misma jeringa se inyectan un montón de presos, todo el que paga la cantidad estipulada, pero a él no le importa; hace tiempo que es portador del virus del SIDA. En ocasiones no le llegan los recursos económicos para el alquiler, y cuando no le queda más remedio utiliza su «caña» de artesanía, e incluso ha vendido alguna a cambio de otra «postura» (dosis). Dice que el hueso es más dificultoso para pinchar que una buena, pero que entra bien, y además cuando se necesita y no se tiene otra cosa...

Le miro, veo su estado, y por supuesto me creo todo lo que me ha contado.

Día 1.700

Hacía pocos días que había pasado por ese módulo camino de las islas y no era difícil darse cuenta de que aquello era una olla a presión a punto de estallar, pero nadie hubiera podido imaginar que estallara con tal crueldad, de forma tan salvaje, y con consecuencias tan negativas para el conjunto de los presos sociales.

Lo escuché por la radio, y ahora me lo cuenta detalladamente un compañero que se encontraba encerrado en una celda próxima a la de los hechos.

En lugar de contarlo yo, que lo cuente él mismo mediante su carta: «... todos conocíamos la enemistad entre ellos dos y la intención del de nuestro módulo de ajustar cuentas con su antiguo colega. Habían participado en anteriores motines y desde entonces hablaba muy mal de él. Sabíamos que aquel enfrentamiento terminaría en sangre a la primera oportunidad que tuvieran. Por ello, nos quedamos sorprendidos cuando vimos que lo trasladaban juntándoles a los dos en el mismo patio. Yo estoy convencido de que la Dirección de la cárcel y los carceleros conocían perfectamente lo que estaba sucediendo y que los juntaron en el mismo lugar con la intención de que sucediera lo que sucedió, de que estallara toda la tensión, manipulándola para meter a todos los presos sociales más combativos en un mismo saco, presentándolos como auténticas bestias, desprestigiando a APRE[1] y legitimando las medidas represivas que han puesto en marcha contra todo este movimiento reivindicativo de mejoras carcelarias. De hecho, a partir de lo sucedido han estrenado los bunquers-aislamiento para los denominados FIES 1-RE[2] y les están machacando en los diferentes lugares donde han sido destinados.

Tú sabes el calor que hace aquí en agosto, las duras condiciones de vida, los conflictos acumulados con los carceleros, etc., así que todo ello hacía que la tensión pudiera palparse.

Nos sacaban al patio en dos tandas. Había escuchado que los del otro turno preparaban un motín, pero estaba convencido de que sería un motín reivindicativo, y no que se utilizara únicamente para arreglar cuentas personales, y de la forma en que lo hicieron.

En cuanto abrieron las celdas, los ocho o nueve presos a los que tocaba la hora de patio, sacaron unos estiletes y retuvieron a dos carceleros pero el tercero, el jefe de módulo, se les escapó con las llaves. Por la ventana vi que seis de los amotinados se paseaban por el patio con los temblorosos guardias retenidos; después los encerraron en el economato.

A los diez minutos de comenzado el motín se empezaron a escuchar fuertes golpes; era que estaban derribando las puertas interiores que bloquean unas dependencias de otras, con el objetivo de llegar a la celda del decapitado, a tres puertas a la izquierda de la que ocupo yo. Tardaron cerca de tres horas en derribar las cancelas que les impedían el pase ya que, por la resistencia que tienen, tuvieron que tirar parte del muro donde están ancladas.

---

1. Asociación de Presos en Lucha. Asociación de presos sociales que perseguían mejoras en las condiciones de vida carcelaria y que tuvieron una especial actividad hasta el año 91 cuando se produjeron los hechos relatados en el C.P. De Puerto de Santa María.

2. Ficheros Internos Especial Seguimiento. Los presos sociales más molestos para la Administración eran clasificados como FIES-1. Los presos políticos (la totalidad) como FIES-3. Esta clasificación hoy sustituida por C.D. (Control Directo) implica la restricción de los derechos reglamentarios y el endurecimiento de las condiciones de vida.

Entre tanto, la radio decía que la Guardia Civil tenía rodeada la cárcel, y que yo me encontraba en el módulo, pero que «no se sabía» si participaba en los hechos.

Hacía más de un mes que habían desaparecido un par de cuchillos jamoneros de la cocina, y aunque hicieron montones de cacheos salvajes, no los encontraron. Al ver a uno de los amotinados con una bolsa al hombro, me vino a la cabeza que ahí iba alguno de los cuchillos.

Mientras unos iban derribando puertas, otros asaltaron el economato repartiendo los productos entre los demás presos, lanzándolos de ventana a ventana.

Finalmente las puertas cedieron y llegaron a la celda del objetivo. Con una sierra cortaron el pestillo exterior, separándoles únicamente el «cangrejo». Su inquilino puso el colchón y todo tipo de objetos bloqueando la última defensa. Parlamentaron al menos durante diez minutos, convenciéndole de que no le iba a suceder nada, de que abriese la puerta, e inexplicablemente la abrió. Escuché unas palabras y carreras. Las pisadas giraron hacia la derecha y se pararon en una celda de la segunda planta, a mi izquierda, encima de la sala de estar. Se escucharon golpes. Eran las puñaladas pero yo pensaba que eran golpes, o quizás fueran las dos cosas. Después el silencio.

Unos minutos más tarde vi a uno de los amotinados salir al patio con su estilete en la mano, pálido y con expresión extraña. Enseguida entendí el motivo: salió un segundo amotinado con una cabeza tomada por los pelos, la dejó en el suelo del porche y mientras hacía un círculo de sangre nos la enseñó diciendo: «Señores, aquí tenéis la cabeza de este bastardo, se lo ha merecido». Cruzó el patio en diagonal y en la mitad volvió a dejarla mientras se marcaba otro círculo rojo y diciendo: «No veáis si pesa la cabeza de este mierda». Tomándola de nuevo pasó por debajo de mi celda y se metió en los servicios. Tras un rato salió con ella metida en el cubo que utilizábamos para recoger el agua del lavabo y escupiendo varias veces se la llevó hasta la puerta eléctrica de acceso al módulo para enseñársela a los jefes de servicio, carceleros y guardias civiles, que esperaban manteniéndola atrancada.

Para decirte la verdad yo estaba alucinando y no me creía que todo lo que estaba viendo pudiese ser verdad, no me entraba en la cabeza el que alguien pudiera ser capaz de tal bestialidad. Seguro que estaba blanco, estaba «pasado», pero... no me miré en el espejo.

Desde mi ventana les dije a los dos principales del motín que lo que habían hecho era una salvajada, que además habían cometido un error con consecuencias muy graves para todos los de APRE, que esa publicidad la iban a pagar muy cara, y que ya nadie les iba a ayudar. Lo sorprendente fue que me dijeron que ya lo sabían, pero que «no habían podido hacer nada para evitarlo».

Al final negociaron rendirse a cambio de no ser golpeados y ser trasladados a otras prisiones con todas sus pertenencias. Y... así fue al día siguiente.

Día 3.802

–Que no Mohamed que no ..., que el taxista no tiene la culpa.

–Cuando salga mato a esa perra.

–Pero si la única culpa ha sido la tuya... ¿Qué querías que hiciera el hombre?

–Callarse el muy chivato.

–Pero..., si le has robado también a él.

–Y eso qué.

–Pues que defiende lo suyo, y lo que no tienes que hacer es robar a los trabajadores.

–Lo necesitaba para quitarme el «mono».

–Pero hombre..., lo que has hecho además de estar mal, es para que te detuvieran con seguridad. ¿No te das cuenta?

–Si el taxista no fuera un chivato, no.

Mohamed se fue de la cárcel hace dos días, después de cumplir condena. Salió como había entrado hacía cuatro años: siendo toxicómano y dedicando las veinticuatro horas del día a conseguir «jaco» de cualquier manera. Toda su actividad gira en torno a su dependencia. Cuando el «mono» le empieza a apretar, deja de existir el más mínimo razonamiento. Aquí, comprando y vendiendo heroína saca para cubrir su necesidad. Al salir al exterior volvió a lo que hacía cuando fue condenado: robo con violencia.

Al día siguiente de su excarcelación, y en pleno «mono», fue a una pequeña tienda de ropa, esperó a que la empleada se encontrara sola, entró y poniéndole un cuchillo en la tripa a la aterrorizada chica le robó la recaudación: dieciocho mil pesetas y unas monedas. Cuando se iba vio una caja fuerte de considerable tamaño y de la cual la empleada no conocía la combinación. Salió a la acera, paró un taxi, y subió en él tras meter como pudo la caja en el asiento trasero. Se apeó en la dirección solicitada al taxista, pero no sin antes robarle también las ganancias de su día de trabajo. Inmediatamente compró un gramo de «caballo» en una chabola próxima a la suya a donde volvió para metérselo sin observadores. Cuando lo estaba haciendo y sin que todavía hubiera transcurrido media hora desde los robos, la Policía le rodeó entre las cuatro paredes de lata.

Mohamed todavía está asombrado de que el taxista le denunciara y dijera a la Policía dónde le podían encontrar. Mohamed tenía el «mono», andaba con prisa, no podía llevar la caja fuerte a cuestas y obligó al conductor a que la llevara hasta la puerta de su chabola.

Hoy está nuevamente en la cárcel, pasará una larga temporada, y con la mente enferma por la droga seguirá pensando que la culpa es del taxista.

Día 3.510

Me he despertado con lágrimas en los ojos, con la almohada humedecida, seguramente tras una noche de sueños tristes que no recuerdo. Todavía en somnolencia y antes de los primeros pensamientos, he roto a llorar.

Tengo encima una depresión de «caballo» y el caso es que no sé el porqué, no ha habido ningún desencadenante especial, ni paso por momentos particularmente malos ni duros. Será el efecto de la soledad, del aislamiento prolongado, aunque en otra ocasión también me sucedió y ni estaba solo ni aislado.

No importa..., tranquilidad..., igual que todos los días, también los que son como hoy se superan. Intento más que nunca desdramatizar la situación, tomarla con sentido del humor, pero no puedo. Al contrario, los pensamientos negativos me desbordan: constantemente tengo ganas de llorar. Da igual..., me dejo llevar..., y descargo tanta tristeza contenida.

Las dudas me corroen. Dudas del pasado, del presente, del futuro. Dudas políticas, personales, dudas del entorno. Las contradicciones se hacen más fuertes que nunca, el peso de la autocrítica me aplasta.

¿Todo esto merece la pena? ¿Estoy en el camino correcto? Y las respuestas me crean más dudas y más contradicciones.

No me concentro para leer, apenas para escribir, lo único que me gustaría sería poner la radio y escuchar buenas noticias. Pero no..., hoy ni eso..., mañana tendrá que ser.

Ese pequeño problema que ayer no tenía importancia hoy me desborda, me obsesiona, no me lo quito de la cabeza. Doy vueltas en la celda, me esfuerzo, y termino liberándome de él para que su lugar lo ocupe otra obsesión.

Hay demasiada gente que, sentada en una mesa a la orilla, habla y habla, opina de las técnicas de pesca y no deja de comer peces mientras observan a los pescadores calados hasta los huesos en el centro de la ría. Y parte de los comensales son amigos de los pescadores. Y si fuera más acertado eso de quien quiera peces...

Me tumbo en la cama, pongo música, consigo dejar la mente en blanco y por el contrario continúo con los ojos mojados.

La celda es deprimente, sucia, asquerosa, oscura, huele mal. La comida es repugnante. Los carceleros me producen un profundo asco y hoy me da la sensación de que me miran, que me provocan todavía más.

¿Qué estará haciendo ahora aquel conocido que hablaba tanto en las barras de los bares y a quien no soportaba? Siempre me recordaba a esos entendidos que se ponen detrás de un pintor, mirando como trabaja, y que cuando el cuadro está terminado dicen: «Al árbol le falta un rabito a la derecha».

Me voy a dormir, hoy ya nada tiene solución pero sé que mañana todo lo veré diferente, y con la mente despejada y fría podré contestar a las preguntas: «Todo está mereciendo la pena», «estoy en el camino correcto».

Día 1.853

Recuperados de la huelga de hambre se han reanudado los habituales cambios de celda y la designada tiene la ventana cerrada por una chapa metálica que apenas permite la entrada de la luz.

–Oiga, se acordó con el director de la cárcel que en los cambios de celda no se nos metería en ninguna con la ventana tapada.

–Yo no sé nada. Me limito a cumplir órdenes de la Jefatura de Servicios.

–Bien..., llame para que venga el jefe de Servicios.

Ha venido.

–Oiga, se acordó con el director de la cárcel que en los cambios de celda no nos meterían en ninguna que tuviera la ventana tapada

–¿Eso cuándo fue?

–Poco más de una semana. Cuando dejamos la huelga de hambre. Se negoció con el director y uno de los puntos acordados fue ése.

–Yo no sé nada. Me limito a cumplir órdenes de Dirección.

–Bien... pues queremos hablar con el director.

–Preguntaré y le daré una respuesta.

(Ha regresado)

–El director no puede recibirles de momento. Echen una instancia y les recibirá más adelante. Respecto al cambio de celda ha de realizarse a la asignada.

–Se acordó que no tendrían chapas en las ventanas.

–El director me ha dicho personalmente que no negoció nada con ustedes, ni existe ningún tipo de acuerdo. Desconoce a lo que se están refiriendo.

Día 2.098

He terminado de arreglar mis pertenencias. Los libros los he recogido rápido: nos autorizan dos. Papeles, apuntes, cartas..., poner todo esto en orden me ha costado más. Alguna prenda ha quedado sucia y habrá que lavarla, pero el resto de la ropa está bien: únicamente doblarla y ponerla en el estante. Vuelta la celda a la situación en la que se encontraba hace un par de horas, me relajo y me pongo a escribir, o mejor dicho, continúo con lo que iba a hacer: escribir una carta, con la diferencia de que ahora empezaré contando el motivo de la interrupción:

«¡Aúpa compa!

Aunque te debo carta desde hace algún tiempo, la que te escribo hoy, se ha retrasado un par de horas más de lo que me hubiera gustado. Me había propuesto charlar extensamente contigo, así que apenas desayunado he preparado todos los útiles necesarios. Releída tu última carta, he preparado el papel y he cogido el bolígrafo, momento en el que un fuerte golpe ha corrido sorpresivamente el cerrojo de la puerta para escucharse una voz: 'cacheo, salga de la celda'. Bueno..., ya nos tienen acostumbrados a estas cosas pero como hacía siete u ocho días que no venían, me había empezado a engañar pensando que no volverían. Antes de mirarle, lo cual no me suele gustar hacer, he reconocido su voz: le llamamos el Nazi.

Tú sabes el calor que hace aquí en esta época del año, por lo que me paso todo el día en bañador, tal como he salido al pasillo donde se encontraban media docena de carceleros.

–Desnúdate, cacheo.

–Como no me quite el reloj...

–Quítese el pantalón.

–No, páseme el detector de metales...

Con la espalda en la pared, me han agarrado y me los han bajado ellos, pero bien..., aparte de sujetarme no ha habido golpes ni excesivos malos tratos. Me los han bajado por delante, con suavidad. En realidad no sé para quién puede ser más humillante, si para mí o para un tío de cien kilos, el bajármelos. De hecho, si una cámara fotográfica registrara las imágenes de la escena, saldría alguna muy curiosa, además de sospechosa.

A lo que iba..., que me han pasado el detector de metales, y como no sonaba nada me han vuelto a subir el bañador.

Han entrado en la celda. Prácticamente han hecho una cadeneta pero en lugar de pasarse ladrillos se han ido pasando mis cosas. El primero las cogía y tras manosearlas terminaban en el pasillo: eso sí..., todas en un montón y tapadas finalmente por el colchón. No han dejado nada dentro oye..., así que cuando han acabado he tenido que empezar por meterlas. La cadeneta ha fallado en algún sitio pues los útiles de aseo han terminado en el interior del cubo del agua con el que había limpiado el suelo, pero como son cosas que no se estropean...

Bueno..., y ya no me enrollo más sobre esto. He escuchado por la radio que en Euskal Herria...».

Día 4.093

–Ya es la cuarta vez que me lo preguntas, y te lo repito, no fumo y hace meses que no como chocolate, así que no tengo papel de aluminio para dártelo de ningún sitio.

–Y... ¿tú sabes si algún compañero tuyo tendrá?

–No lo sé..., pregúntaselo a ellos...

Con ansiedad ha estado preguntando para encontrar un pedazo de papel de aluminio y finalmente lo ha conseguido: él mismo tenía algunos guardados entre las páginas de una revista. Está prohibido comprar este tipo de papel en las prisiones, pero es necesario para fumar heroína o cocaína por lo que lo tienen que sacar de los productos en los que se encuentran: envoltorios de galletas, chocolate, tabaco...

Tras el ritual de la preparación de la «perica» se ha podido quitar el incipiente «mono» quedándose tranquilo. Hoy no se autolesionará, al menos no, por no poder drogarse.

Le conocía de vista de haber coincidido con él en un par de conducciones, o en un par de cárceles, no lo recordaba. Se había deteriorado mucho más durante el tiempo transcurrido, tanto que me costó reconocerle y fue él quien me ayudó a hacer memoria. Pero sí, en una ocasión estuvieron sacándonos juntos al patio y mi curiosidad hizo que le sometiera a todo tipo de preguntas sobre sus adicciones: es un especialista. Tristemente se ha drogado con todo tipo de sustancias y ha pasado diferentes síndromes de abstinencia.

Ahora es la segunda vez que le traen a aislamiento en una semana. Cuando le metieron aquí, el domingo pasado, venía con el «mono» y nada para quitárselo. Pidió asistencia médica, algo para superarlo, le dijeron que se apuntara a la consulta del lunes. Se tragó varias pilas y unas cuantas hojas de afeitar, y lo llevaron al hospital. Una semana más tarde ha regresado operado, sin las pilas ni cuchillas en el estómago, pero portando droga en el recto: en algún sitio la ha conseguido. En esta ocasión la autolesión le ha proporcionado unos cuantos días sin dolores, sin calambres..., luego ya se verá...

Recuerdo las respuestas a mis preguntas, recuerdo lo que le veía hacer y recuerdo, como ahora, la sensación que todo aquello me produce. Me dan lástima; lástima porque son enfermos; lástima porque viven única y exclusivamente para la droga; lástima porque en la cárcel la Administración les trata como a los perros callejeros.

Éste ha consumido de todo pero a lo que más enganche tiene es a la «farlopa», a la «perica» o cocaína. Según él mismo, es el peor enganche de todos y el más caro, peor que la heroína. En ocasiones la ha esnifado por la nariz pero la prefiere en otros preparados: por ejemplo inhalada. Para ello prepara la «base». En el cristal de una bombilla, en una cucharilla, en el culo de una lata de refrescos... se echa la cocaína y se le añade unas gotas de amoniaco. Se calienta con un «loco» (mechero) y hierve durante unos diez o doce segundos en los que el amoniaco se va evaporando formándose dos productos diferenciados. Con una cuchilla se separa un polvo que es el «corte» con restos de amoniaco, de una especie de masilla que es la cocaína en «base». Esto se pone en un papel de aluminio y se calienta por debajo como se hace con la heroína, e igualmente empieza a «correr» por la «plata» soltando humo que se inhala por la boca con un tubo. En ocasiones también fuma «sprinwoold» que es el mismo sistema de inhalación pero mezclando heroína y cocaína en «base». Tampoco le hace ascos al «pico» de cocaína pero ahora no tiene jeringuilla, ni al «basuco». El «basuco» sí que le gusta cuando tiene tiempo para prepararlo y fumarlo con tranquilidad. Se coge una botella de plástico con un poco de agua en el fondo, se le hace un agujero en el lateral por encima del nivel del agua y se le coloca un tubito. La boca de la botella se cubre con papel de aluminio tensado y sujeto con una cuerda o una goma. Con un alfiler se hacen varios agujeros al papel y se echa un montoncito de ceniza de tabaco encima, y sobre ella se echa la cocaína. Preparada la «pipa» se aspira por el tubo al mismo tiempo que se arrima la llama de un mechero a la cocaína que va soltando humo.

–Cuéntame... ¿cómo son los «monos» que has pasado?

–Cada droga es diferente y tampoco a dos personas les da de la misma forma pero sí que es cierto que el «mono» de cada cosa tiene unas características especiales. El de la heroína empieza con sequedad de boca y en la garganta se forman unas flemas que parece que te van a ahogar. Además empiezan a darte unos calambres en brazos y piernas que van en aumento llegando a convertirse en verdaderas sacudidas muy dolorosas. Hay veces que si hubiera podido me habría arrancado las extremidades para intentar quitarme los latigazos. Todo ello va unido con crecientes vómitos, constantes arcadas, que como ya no se tiene nada en el estómago se termina echando bilis y todos los jugos gástricos. Vamos..., que se pasa muy, muy mal.

El «mono» de la cocaína es distinto. Éste sobre todo crea un estado de ansiedad terrible, un estrés muy alto, en él puedes hacer cualquier cosa, como el otro día que me autolesioné. Es tal el estado de nervios que tienes ganas de subirte por las paredes y la cabeza parece que va a estallar. Es como si alguien te metiera la mano en la boca y echando hacia atrás te la quisiera partir en dos.

–Y..., a pesar de lo que me cuentas ¿sigues?

–Sí..., no lo puedo dejar.

Día 1.213

En unas horas me sacarán de este aislamiento para sancionados. Es malo, muy malo, el peor que he conocido y el peor que espero conocer.

Me trajeron para una sanción de catorce días y llevo cuarenta y dos seguidos, pero hoy me sacarán..., no les queda más remedio. Después de este tiempo me tienen que sacar por lo menos un día aunque luego me vuelvan a meter otros cuarenta y dos, y así el tiempo que quieran..., es el reglamento, pero hoy me tienen que sacar.

¿Por qué me sancionaron los primeros catorce días? Da igual, por alguna cosa sin importancia o, quizás, la tuviera para ellos... ¿Cuál ha sido el motivo para continuar sancionado? El negarme a limpiar la puerta que habían pintado con tiza los carceleros.

Cuarenta y dos días en los que he renunciado a la hora de patio diaria, en los que he permanecido sin salir de la celda para evitar mayores problemas. «Disfrutar» de la hora de patio reglamentaria, en solitario, supone humillaciones y conflictos. Salir de la celda supone cacheo a la entrada y a la salida. Supone que al volver encuentras tus pocas pertenencias revueltas y tiradas por el suelo. Supone pasear por el patio pegado a la pared, sin separarte de ella. Supone no poder mirar hacia las ventanas de otros presos. Cualquier infracción de tanta chorrada al arbitrio del carcelero de turno supone el corte de la hora de recreo y en el mejor de los casos otra sanción. Ya hay que aguantar bastantes estupideces sin necesidad de salir de la celda.

No tienes derecho a comprar nada del economato, ni agua; no hay economato. No están autorizadas las radios ni nada con lo que informarse. Únicamente tienes derecho a una ducha semanal con agua helada. Las comunicaciones familiares se reducen a diez minutos semanales por locutorio: por supuesto no hay vis a vis y el teléfono no se ha inventado.

Realizan cinco recuentos diarios, y ese problema sí que no se puede evitar: «Póngase de pie» y ante la negativa entran ellos y te levantan por la fuerza. Depende de la guardia, depende de la fuerza. En cualquier caso con los presos políticos, por las denuncias, por la repercusión de los malos tratos, procuran contener su violencia. A los presos sociales los machacan. Durante el día, los que han tenido algún conflicto, con algún carcelero, por mínimo que sea, se ven marcados por un aspa de tiza dibujado en la puerta. Por la noche, en la madrugada, la plantilla nocturna recorre la galería y al que tiene la señal del castigo le abren y se lo aplican. De la guardia depende el castigo: depende el castigo: desde provocaciones e insultos, hasta auténticas palizas dejándolos esposados a la cama.

En la puerta no sólo pintan aspas, también escriben el nombre, apellidos, clasificación y a los que somos de ETA nuestras grandes y orgullosas siglas. Al terminar la sanción de los primeros catorce días me abrieron la puerta:

–Recoja sus cosas que se va.

Las recogí.

–Salga de la celda.

Salí.

–Limpie el nombre suyo de la puerta.

–Yo no lo he escrito.

–Límpielo.

–Que lo limpie el que lo ha escrito.

–Entre en la celda.

Entré.

–Catorce días de cumplimiento inmediato por desobedecer y resistirse al funcionario.

–Vale.

A los veintiocho días la escena fue prácticamente la misma, pero más de cuarenta y dos no lo permite el reglamento, así que hoy me tienen que sacar, al menos por un día.

Día 1.841

Ha abierto la puerta, me ha mirado y suspendiendo el recuento de la primera hora de la mañana ha corrido a llamar al médico. Mi apariencia debe ser muy mala para que un carcelero se comporte así.

Me miro en el espejo y no me noto gran diferencia entre ayer y hoy. Lo pasado durante la noche no ha sido más que otro escalón hacia el deterioro total tras treinta y ocho días de huelga de hambre.

Hace semanas que no veo a mis compañeros pero no me hace falta para saber que hoy habrán despertado en parecidas condiciones. Probablemente los carceleros hayan corrido al abrir todas las puertas.

Huelga de hambre a agua mientras los medios de comunicación nos saturan a bocadillos. Tras más de un mes de nuestra huelga los noticiarios informan de la gravedad de un huelguista: «Lleva seis días a dieta líquida y se encuentra muy mal. Ha ingresado en un hospital». ¡Ah!, pero no informan de la huelga de los «etarras», ya me parecía a mí. ... La noticia trata de un policía acusado injustamente, o de un preso que no quiere salir de la cárcel, o de un carcelero que pide aumento de sueldo..., qué más da... Los «etarras» comemos bocadillos y cuando los presos sociales se niegan a suministrárnoslos a hurtadillas, abandonamos la huelga.

La noche ha sido muy mala. Mi estómago no acepta el agua: bebo y vomito. Sin beber también vomito. Echo agua, luego bilis y finalmente... ¿no es sangre?

El carcelero no se ha creído lo que dice la radio y ha corrido, y rápidamente han venido un médico y un ATS: estoy deshidratado. Me agarran un pellizco en la piel y así se queda, sin volver a estirarse. El médico me lo dice claramente: «Vamos a pedir autorización al juez para ponerte suero. O te hidratamos o te mueres».

No quiero morir, pero no quiero suero, quiero que se solucione el conflicto origen de la lucha. Intento ponerme de pie y no puedo.

Desconozco cuánto peso pero no puede ser mucho al ver la facilidad con la que me coge en brazos un preso social de destino y me baja las escaleras hasta sentarme en una silla de ruedas. En ella voy cómodo, como cuando de chaval te subes a una carretilla y es otro el que empuja, pero el viaje a la enfermería es corto y en la puerta espera el subdirector médico:

–Se le va a poner suero de todas formas, tenemos autorización judicial. ¿Le vamos a tener que atar o no?

–No..., para qué... atado o no, ya me lo ponen a la fuerza.

En una camilla voy viendo cómo cae el «gota a gota», botella tras botella; botellas de diferentes clases. Se han inventado las chuletas líquidas pues tras un día de suero, al atardecer, estoy muy recuperado.

La jornada ha sido larga y me ha dado tiempo de matar el aburrimiento pensando sobre lo que cuesta en el exterior tomar conciencia de lo duras que son las huelgas de hambre y de que en ocasiones son el último recurso de un preso para mantener su dignidad. Quien no las hace las toma con tal naturalidad que hasta que no transcurre el tiempo y empieza a peligrar la vida, no se le da importancia. «¿Será que de muros adentro... el sufrimiento es menos sufrimiento?».

Con muchas botellas consumidas en mi vena, me dejan volver al módulo pero no sin antes esperar a que los médicos atendieran una urgencia: ha llegado un carcelero con dolor en la muñeca que se le agudiza con el movimiento de giro de la llave. Le han dado una pomada y le han vendado. Ha preguntado si podía coger la baja laboral y le han contestado que sólo si no le hacía nada el tratamiento.

Libre del suero me he puesto de pie y he regresado a mi celda.

Todavía el director no nos ha llamado para negociar, lo hará cuando estemos más deteriorados, y mientras..., la huelga continúa.

Día 2.769

«Va a llamar Iñaki por teléfono. No le vayas a decir que cuelgue. Que llame el tiempo que quiera y además no le cojas la instancia para que pueda utilizarla otro día».

La contundencia de la orden podría hacer pensar que provenía del Director de la cárcel, o del director general de Instituciones Penitenciarias. Pero no..., éstos no dan ese tipo de órdenes: se la ha dado un preso social a un carcelero. Un preso social que dispone de importantes recursos económicos, y con el que por su agradable conversación mantengo una cordial relación. Ficticiamente diré que se llama Edmundo.

Me imaginaba, era evidente, que tenía comprados a varios carceleros, aunque hasta hoy no lo había comprobado personalmente.

Necesitaba llamar por teléfono a mi familia pero estaba indeciso al encontrarse de guardia un carcelero puntilloso, desagradable y «riguroso» con el reglamento y las órdenes. Finalmente me he decidido. Al acercarme al teléfono he visto que se me adelantaba Edmundo, el cual llama diariamente a su país a muchos miles de kilómetros de distancia. Rápidamente le he interrumpido:

–Edmundo, déjame llamar a mí que tú te tiras una hora

hablando. Yo no tardo nada. Además hoy está un guardia que me cronometrará los cinco minutos semanales.

–¿Quién, éste? –me ha preguntado.

–Sí –le he respondido.

Ha dejado el auricular y se ha dirigido hacia el carcelero. Inmediatamente se me ha pasado por la cabeza que iba a hacer algo al respecto y he intentado detenerle.

–Edmundo, ¿qué vas a hacer?, no le digas nada, ¡Eh!

–Déjame, déjame –me ha respondido.

Se ha acercado a él y mientras el carcelero le miraba con los ojos muy abiertos y la boca muy cerrada, delante de mí, le ha ordenado: «Va a llamar Iñaki por teléfono. No le vayas a decir que cuelgue. Que llame el tiempo que quiera y además no le cojas la instancia para que pueda utilizarla otro día». Y sin esperar una respuesta, que no ha existido, le ha dado la espalda.

He llamado. He hablado, mientras el carcelero me miraba de vez en cuando sin decirme nada. He colgado, cuando he querido, en una situación que a mí me ha resultado violenta. No me ha pedido la instancia.

–Edmundo, ¿le tienes pillado? –le he preguntado.

–Come de mi mano –me ha respondido.

Día 2.190

La cárcel siempre es la cárcel, pero no todas las cárceles son iguales. Al contrario..., hay grandes diferencias entre unas y otras.

La legislación penitenciaria es de tal ambigüedad que en la práctica permite que un mismo preso, con la misma clasificación, tenga un régimen de vida totalmente diferente de una prisión a otra. La Dirección de cada una es, a su arbitrio, la que detenta la facultad para hacer que el encierro sea llevadero o se convierta en un auténtico infierno. En la que estoy ahora llevo el suficiente tiempo como para haber comprobado que las condiciones de vida no son tan duras como las conocidas anteriormente, aunque ello también puede ser un arma de doble filo a utilizar contra el preso: es la política del palo y la zanahoria.

Hoy, como ayer, y como probablemente mañana, mientras me encuentre en esta prisión, no tendré ningún problema. No existe tensión y la relajación es casi absoluta.

En cada módulo nos encontramos varios compañeros juntos y en las mismas condiciones de vida.

La celda está bien, es cómoda. Tiene W.C. de taza y separado por una puerta. Hay un armario. Nos autorizan televisión, ventilador, máquina de escribir, ordenador... incluso tengo una estufa.

Esta mañana, encontrándome en la cama, el carcelero ha pasado recuento dando los «buenos días» y dejando la puerta abierta. Me he levantado. He ido al comedor. He cogido el desayuno y he vuelto a la celda para tomarlo con mayor tranquilidad. He terminado. He salido al patio y en el economato me he juntado con mis compañeros. Hemos paseado. Le hemos pedido al carcelero del módulo las llaves del taller de trabajos manuales: nos las ha dado. Es un verdadero taller, con todo tipo de herramientas y hasta mediada la mañana hemos elaborado kutxas, pirograbados, maquetas, etc., para regalar a nuestros familiares y amigos. A veces interrumpimos el «trabajo» para tomar un café o dar una vuelta por el patio. Hora diaria de polideportivo: *footing*, tenis, pesas o campo de futbito. Vuelta al módulo y ducha: el agua está caliente. Hora de la comida (no es mala): la cojo y me voy a la celda para mayor tranquilidad. Siesta. Apertura de las celdas: «Buenas tardes». Taller, economato, escuela o permanencia voluntaria en el interior de la celda para estudiar, leer..., nadie te ordena nada.

He llamado por teléfono a mi familia el tiempo que he querido: nadie me ha dicho nada. Recojo la cena y vuelvo a la celda para mayor tranquilidad. Tercer y último recuento: «Buenas noches». Se duerme bien: no hay razias ni correrías nocturnas.

No existen, aparte de la lejanía, problemas para las comunicaciones familiares, ni para los vis a vis: los autorizan los días que nos vienen bien.

Con el director de la prisión se puede hablar, atiende a razones, procura solucionar los problemas que surgen y cuando da su palabra la cumple: es toda una novedad y el primero que he encontrado que lo hace. Tiene atados corto a los carceleros, incluso a los más hostiles, para que no se desmadren. Un grupo importante de carceleros tienen comportamientos de funcionarios; con nosotros y con los presos sociales.

Hay una funcionaria encargada de los talleres que se porta bien, aunque desconozco en qué medida por iniciativa propia y en cuanto por orden de la Dirección, probablemente por las dos causas. Se preocupa de nosotros más de lo que le correspondería únicamente como cumplimiento estricto de sus funciones. Nos facilita el trabajo proporcionándonos todos los materiales que necesitamos y tiene un trato no ya correcto sino amable.

Cuando he necesitado la atención del médico o del maestro la he tenido sin contratiempo.

Tenemos permitido acudir a las actividades organizadas en la prisión: cine, teatro..., incluso en varias ocasiones hemos coincidido con las compañeras presas en el módulo de mujeres.

La vida aquí es la más cómoda que he conocido en prisión, pero hoy me he puesto a reflexionar y no sé si es una cárcel «buena» o «mala»: es tan tranquila...

Cuando desde la mañana el carcelero te deja claro que es carcelero, cuando te atosiga, no se te crea ninguna duda de que es el enemigo. Cuando transcurren las jornadas entre los «buenos días» y las «buenas noches» se puede terminar difuminando el uniforme.

Hoy me he parado a pensar entre tanta tranquilidad: me estoy acomodando. Cada vez soy más individualista. Tengo miedo a perder estas condiciones de vida. No quiero que me trasladen a un agujero en el que voy a sufrir más que aquí. Detesto que mi familia me vea adelgazar por las peleas y las huelgas de hambre. Para no perder todo esto, mi comportamiento cada vez está más condicionado. No me gusto. He caído en la trampa.

Me va a doler, pero cuanto antes me saquen de aquí, antes volveré a la normalidad.

Día 4.595

La temperatura es asfixiante; el calor plomizo; un día más del largo verano de esta geografía.

En el patio no corre ni una gota de aire; en la celda es necesario cerrar y tapar las ventanas expuestas al sol hasta el anochecer.

Nada se mueve, nada parece tener vida. En el exterior con seguridad no vuelan los pájaros: ver uno aquí sería una fiesta.

Las paredes de hormigón hacen de brasero, el hierro de las ventanas quema al tocar. Con el sol, el hormigón y el hierro absorben calor, y al anochecer empiezan a expulsarlo convirtiendo las celdas en hornos. Toda la prisión es una gran cazuela en la que los presos hervimos al vapor: sudamos... sudamos..., y sudamos.

En algunas cárceles autorizan ventiladores, en otras no: a criterio del director. Aquí están prohibidos

Hace un momento me han devuelto la instancia en la que lo solicitaba. Reparto de instancias. Me han llamado por el altavoz. He ido a la garita de los carceleros. He extendido el brazo y..., lo he tenido que retirar rápidamente. ¡¡¡Qué susto!!! Si no lo saco inmediatamente se me queda helado. Los cambios de temperatura tan radicales no son nada buenos para la salud, y se me había olvidado que en la zona a las cuales los presos no tenemos acceso, tienen aire acondicionado. Pasada la primera impresión he vuelto a meter el brazo, con cuidado, aclimatándome poco a poco. ¡Qué bien!... ¡Qué gusto!... Me han dado la instancia y me he tenido que ir. Tendré que echar instancias más a menudo para meter el brazo durante más ratitos.

Lo que no está muy bien es que el aire caliente proveniente de los extractores del aire acondicionado de los carceleros sea expulsado al lado de los presos, por encima de nuestras cabezas. Definitivamente no está nada bien que mientras refrescas el brazo se te caliente la cabeza y la diferencia de temperatura se note con mayor crudeza.

¿A ver qué me pone en la instancia?: «No procede por motivos de seguridad». Bueno..., pero el gustito en el brazo no me lo ha quitado nadie.

Con el carcelero que está hoy espero no tener que discutir cuando me cierre la celda. El de ayer vio que tenía la ventana tapada y me ordenó que quitara la toalla con la que la cubro. No sé para que intenté razonar con él diciéndole lo de la temperatura, el sol y todo eso..., pero lo hice, aunque fue inútil. Si no destapaba la ventana me sancionarían: así que me sancionarán. Algunas veces la destapo y cuando se va la cubro nuevamente, pero ayer tenía mucho calor.

Lo que temo es a la noche. De madrugada toco el hormigón y todavía está caliente. En la colchoneta de gomaespuma es imposible dormir, así que extiendo una sábana en el suelo y a sudar... sudar... y sudar. Cada poco tiempo me echo agua por encima, y también a ratos saco los brazos por la ventana, pues, aunque afuera no hay la misma temperatura que en la garita de los carceleros, sí que es muy inferior al horno de la celda.

Al amanecer se empieza a estar bien, a un par de horas del primer recuento, y a un poco más de que vuelva a calentar el sol.

Día 4.645

Hoy, día de reflexión, termino de escribir estas hojas con recuerdos que pueden acabar tomando el formato de un libro. Podría continuar reviviendo días y anécdotas en un largo etcétera, pero no pretendo aburrirte si has llegado hasta aquí, ni quiero imponerme la misión imposible de describir todas las vivencias y sentimientos de la experiencia carcelaria: siempre me quedaría corto. Me conformo con haber podido transmitirte una idea aproximada del duro, cruel y violento mundo en el que vivimos los presos políticos vascos y todos los presos en general.

Tengo compañeros con muchos más años en prisión y más experiencia que yo para contarte este día a día, por lo que lo mío ha sido un atrevimiento, aunque también es cierto que sus vivencias y las mías son complementarias pues el encierro, teniendo muchísimos puntos en común para todos, nunca es igual para dos personas.

En la soledad de la celda, tumbado en la cama o en una interminable caminata entre la ventana y la puerta, pienso en el pasado cierto y en un futuro inseguro que en absoluto controlo: estoy en manos de mis enemigos. No hay orden ni certeza ante ningún proyecto. Lo que ahora es tranquilidad, en unos momentos se puede convertir en tensión; lo que hoy es estabilidad mañana se puede convertir en otro traslado, en aislamiento, en sanciones..., siempre al arbitrio de los carceleros.

Sólo mirándome en el espejo y desnudo de los ropajes de la apariencia, me doy cuenta de lo pequeño que soy para llevar con dignidad la responsabilidad adquirida de ser un prisionero político. Peso, en ocasiones aplastante, únicamente soportable ante la esperanza de lograr los objetivos por los que estamos dejando la vida. Dura carga sobrellevable por el convencimiento de que la renuncia al fin o a los medios necesarios supone la anulación como militante político, el vacío interior como persona y la contribución a la muerte de un pueblo. La renuncia, la traición a uno mismo y a los demás, lleva a la muerte del futuro y al fracaso del pasado.

Los recuerdos se me amontonan en la cabeza. Sonrío ante la cara que puso un compañero cuando al abrir la puerta de su celda no pudo entrar porque se la habíamos llenado de colchones. Todavía me resuenan en los oídos los ecos de la cacerolada con la que despertamos a un dormilón. Sigo desconfiando de algún compañero bromista para no encontrarme sorpresas en la cama o una moneda bajo la bombilla del flexo.

Ignoro cómo puedo describir el brillo de los ojos de una madre cuando entra a la visita y los mismos ojos apagados cuando se va. O la sensación de la lluvia después de meses de sequía. Ni qué decir tiene del estado de ánimo que te invade cuando el tiempo y la distancia hacen que se rompa el proyecto de un futuro común con tu pareja.

Necesitaría dedicar más de cien días para relatar los traslados y conducciones a manos de la Guardia Civil. Unas, llevaderas con un trato correcto, muchas malas en pésimas condiciones, otras todavía peores con palizas incluidas. Algunas cortas de varias horas, la mayoría largas, de días, incluso de semanas de duración. Todas deseando llegar, y todas introducidos en habitáculos minúsculos de chapa, a modo de ataúdes alineados en un camión de transporte: envidio los camiones de ganado desde los que se puede tomar aire y admirar el paisaje. Los calabozos de los barcos, en el sótano junto a las máquinas, cuyos compañeros de singladura no se olvidan: el ruido y la falta de ventilación. Los grilletes estrangulando las muñecas..., el orinar en una botella cuando no te sacan del cajón... Hace años escuché que tales condiciones de traslado, fueron prohibidas por algún juez. Nunca he sabido si era cierto.

Pero..., en los últimos años sí se ha producido un cambio, es innegable: nuestros carceleros viven mejor y tienen una total impunidad.

Día 4.460

Después de unos días en el hospital, Esteban ha regresado a la cárcel. Ha pedido el alta voluntaria. No está dispuesto a que le tengan en el hospital, esposado a la cama y además dando la imagen de que está en una especie de prisión atenuada. No le querían dar el alta. Le han presionado, pero nadie le ha hecho cambiar de opinión.

Al llegar le han dicho que lo ingresarían en la enfermería y se ha negado: quiere estar donde estaba, con sus compañeros, encerrado en la celda, con el duro régimen de vida en el que estaba antes de que le diagnosticaran la enfermedad.

En el mismo departamento de ingresos ha tenido una fuerte discusión con carceleros y jefes de Servicios. No iría a la enfermería: le tendrían que meter a rastras. Consultas: No saben qué hacer con él. No quedaría bonito apalear a un preso desahuciado para llevarle a la enfermería. Hay una alternativa: que vaya a la enfermería y dejarán que le acompañe un compañero. Ha aceptado. Me han llevado a mí.

El reencuentro es alegre. Está contento. Lo primero que me cuenta: «¡Vaya follón en el hospital! Se han descolgado en rápel por la ventana. Han puesto pancartas. Han arrollado a los maderos de la puerta y se han encadenado a mi cama, y yo allí, sentado en la cama, en medio del follón. Ha estado genial». Está contento. Durante el tiempo que me lo está contando, durante el tiempo que ha durado la ekintza de los solidarios, no se ha acordado de su enfermedad.

Me cuenta que si en una semana no lo excarcelan dejará de comer y de beber hasta la muerte. Me cuenta que le molesta que le pregunten qué tal está. Siempre responde: «Aparte de desahuciado, bien». Me cuenta que sabe que va a morir pero que luchará hasta el último segundo. Me cuenta que le duele no poder servir ya como militante en ETA. Me cuenta que no quiere que le traten como a un enfermo. Me cuenta que le gustaría que le quedara algo de tiempo para acompañar a su hija a la ikastola. Me cuenta que cuando los solidarios le habían pasado recado preguntándole si quería o no que se hiciera la acción en su habitación él les había respondido: «Yo estoy aquí por hacer, no por no hacer».

Día 0284

Mi primer juicio y vaya juicio... o al menos vaya traslado... Como sean todos así, esto va a ser peor de lo que pensaba...

En Iparralde han detenido a un compañero con una maleta llena de documentos y los guardias estaban eufóricos. Tanta alegría la han pagado nuestras costillas, aunque lo realmente preocupante son las costillas de los compañeros que todavía no están aquí.

Por la noche, de una forma metódica, el carcelero nos lo confirmó: «Mañana van a juicio». Cuando parecía que había terminado añadió: «A las cuatro de la mañana». Pensamos que no le habíamos entendido bien: ¿A qué hora?... ¿A las cuatro de la mañana? No... No había error. A las cuatro de la madrugada debíamos estar preparados para que nos recogiera la Guardia Civil: el asunto empezaba a oler mal. Qué raro..., a esas horas para un traslado de cincuenta kilómetros, siendo el juicio a media mañana... ¡Veríamos!

Poco antes de la hora indicada escuché el ruido de la llave en las puertas de mis compañeros. No fue necesario que me despertara el carcelero; ya lo estaba tras media noche en vela. Recorrimos unos largos pasillos que a esas horas todavía tenían una apariencia más fantasmagórica de lo habitual, y llegamos a ingresos. Había que esperar, nos habían llevado con unos minutos de antelación que sirvieron para proporcionarnos la bolsa con la comida del día: un bocadillo y dos manzanas para cada uno.

Cuando Antton, Esteban y yo comentábamos el contenido de la bolsa escuchamos desde el fondo del pasillo gritos en tropel con alguno más destacado: «Contra la pared, que no nos vean... que no nos vean...». Al volvernos sólo sentí empujones, más gritos, la bolsa arrancada de la mano, brazos retorcidos, grilletes cortando la circulación de las muñecas y... las gafas de soldador tintadas para impedirnos la visión. Se identificaron: eran, una unidad especial de la Guardia Civil y no les podíamos mirar.

Sabiendo que mis compañeros estaban viviendo lo mismo que yo, entre empujones e insultos me metieron en un coche tipo turismo, y en ese momento anhelé el querido furgón, donde una vez dentro no te tienen al alcance del puño. ¿Ahora qué iba a pasar? ¿Nos llevarían al juicio o no? Nos sentaron en el asiento de atrás, en el centro, con un txakurra a cada lado y otros dos en los asientos delanteros, formando parte de una caravana que tanto portazo en la oscuridad indicaba su gran largura.

Empieza el viaje y empiezan los golpes, medidos, para no dejar marcas. Continúa el viaje y continúan los insultos y las amenazas. Los cincuenta kilómetros se convierten en un viaje interminable prolongado por la tensión y por los cambios de ruta impuestos por las medidas de su seguridad. Termina el viaje y una amenaza más: «A ver qué dices en el juicio».

Por las caras que tienen no hace falta preguntarles a Antton y a Esteban para saber qué tal les ha ido el viaje: las tenemos del mismo color.

El juicio ha ido bien, normal, nos condenarán pero lo harán sin callarnos. Por lo menos lo hemos dicho: «Los txakurras nos han torturado en el viaje», «el abogado de la acusación particular no es más que un vulgar abogado de torturadores»..., las gafas de soldador..., los golpes..., lo hemos contado todo.

Una gran alegría, ver y abrazar a nuestras compañeras después de meses de espera: ¿Qué tal estáis? ¿Qué tal el viaje?, nos tranquilizan. A ellas les han tratado correctamente.

Una gran tristeza, nos enteramos de lo de la maleta y de sus posibles consecuencias.

La espera para el retorno a la prisión es tensa: sabemos lo que nos toca. Ahora no vamos a juicio, vamos a la cárcel sin testigos y no es necesario que nos den tan buen trato.

Y otra vez el ruido..., «que no nos vean»..., pero esta vez hay periodistas en la salida del garaje, cámaras de televisión y no nos deben grabar con las gafas de soldador, nos las ponen de sol..., pero con los cristales tintados. Fuera del alcance de los periodistas me arrancan las de sol y vuelta a las de soldador. Ahora viene lo «bueno», y lo «bueno» ha sido duro. Están contentos y además cabreados, por la caída de Iparralde y por lo dicho en el juicio, y también curiosos pues aprovechan el viaje para interrogarme sobre temas que yo desconozco. Menos mal que dentro del coche no tienen mucho sitio para coger impulso y los golpes no llevan toda la fuerza que su autor quisiera aunque a mí me hacen sentir a morir. Amenazan con detener el coche en la cuneta..., pero no lo hacen. Llevamos hasta un helicóptero encima de la caravana y él no tendrá pista. Ya no puedo aguantar más, nervios, golpes, ruido, angustia, y ahí va..., vomitona. Puestos a elegir costado me decido por donde más golpes vienen: «Al txakurra» le he debido de poner perdido, y eso que ni siquiera nos dieron el bocadillo. Se cabrean más, pero me sacuden menos. ¿A lo mejor es que les doy pena? ¿Quizás no quieren golpear sobre el vómito? No... es que estamos llegando. Los últimos empujones, gritos e insultos y estamos otra vez en ingresos. Pero no paran..., continúan con la misma agresividad y en esto escucho una voz fuerte, potente, que dice: «Dejarles, aquí mando yo. Dentro de la cárcel la responsabilidad es mía». El txakurra chilla: «Pero que no me mire... que no me mire... cuando le quite las gafas...». Alguien se me acerca y educadamente me dice que no les mire a los guardias cuando me quiten las gafas y los grilletes. Asiento con la cabeza y me los quitan. Al volver la cabeza los txakurras ya no están. El que ha hablado es el director de la prisión que nos ha librado de los últimos golpes. ¡El miedo que pueden tener unos txakurras a las miradas!

Es tarde, de noche, y el director está amable. Nos pregunta si queremos un médico, si nos han dado de comer..., ordena que abran la cocina para prepararnos una sopa y una tortilla caliente que nos sabe al mejor manjar.

Como sean todos los traslados así...

Me han dolido mucho los golpes, más las humillaciones, muchísimo el separarme de mi compañera tras el juicio, pero lo que más me ha dolido ha sido la maleta.

Día 1.918

Se ha ido Rodolfito. El mes largo que lo han tenido en la cárcel se lo ha pasado pegado a mí. Cuando llegó le vi despistado, le invité a un café y ya no me lo he despegado hasta ahora.

Cuando entró, en el transcurso de los dos días que estuvo en el departamento de ingresos y durante el recorrido por el pasillo hasta aquí, le robaron todas las propiedades que tenía: un chándal, unas zapatillas y un *walkman*.

Pegado a un preso político descubrió que le respetaban más y que ni le robaban ni abusaban de él, por lo que cuando bajaba al patio le tenía esperándome en la puerta con un café, que para eso le había nombrado responsable de compras, de su café y del mío.

Además de tomar café Rodolfito hablaba. ¡¡¡Cuánto hablaba Rodolfito!!! Hablaba, hablaba, y hablaba..., algo tremendo. A veces le decía: «Rodolfito cállate ya», y Rodolfito se callaba, pero al cabo de un rato se le olvidaba, generalmente junto a la petición de otro café, y Rodolfito volvía a hablar.

Le habían cogido anteriormente en varias ocasiones por pequeños robos, generalmente a «guiris», pero nunca había llegado a entrar en la cárcel. Esta vez por la edad, y por la cantidad de pequeñas fechorías que había ido acumulando, ha entrado por primera vez. ¡Qué pena! Seguro que ha sido la primera, el empiece de una carrera que le hará pasar gran parte de su vida encerrado. Me decía que no, que ya no iba a volver a robar, pero por otra parte no sabría de qué comer si no se dedicaba a lo que siempre había hecho.

Muy pequeño de estatura, delgado, dieciocho años y con dos hijos de dos chicas adolescentes, nunca había ido a la escuela. Por lo mucho que hablaba y lo mucho que contaba le habían pasado muchas cosas en esos dieciocho años. Sin conocer al padre, la madre toxicómana, criado con una abuela y viviendo en la calle desde que se acordaba, lo que más le gustaba era hacer hijos y esnifar pegamento.

Hablaba, y cambiando de opinión por días, me contaba las ideas más descabelladas para llegar a hacerse rico. Incluso me ofrecía parte en sus proyectos: la última era que iba a poner una tienda de todo a 100 ptas. Hacerse rico para comprar todas las casas y coches que veía en las revistas y para hacer todos los hijos a las chicas de las portadas.

Pero es legal Rodolfito y me ha demostrado que cuando se le trata un poco bien, aparte de ser algo pesado, es honrado y nunca faltaba ni una peseta de las compras, ni pedía nada sin que se lo ofreciera antes.

Mi último consejo, una orden, ha sido que no vuelva por aquí, aunque en eso no me hará caso y volverá por algo parecido a lo que ha sido esta vez.

Contaba que estaba en su zona de trabajo habitual, una zona de playas. De lejos vio a dos «guiris» de mediana edad que luego supo eran nórdicas. Bien vestidas, buenos relojes, collares, bolsos abultados en bandolera y con apariencia de desbordar opulencia. Objetivo a la vista. Sí que le parecieron un poco grandes a Rodolfito, pero él aunque pequeño es rápido, así que inició veloz carrera. Pasaría entre las dos y de un tirón se llevaría el bolso; seguro que allí tenía botín para un mes. Al aproximarse comprobó que eran más grandes de lo que de lejos le habían parecido, casi enormes, pero ya no se iba a echar para atrás. Se metió entre las dos con la velocidad del rayo, agarró la correa del bolso y Rodolfito se quedó colgado como si fuera un llavero. Quién iba a pensar que eran tan fuertes y que tenían el bolso tan agarrado. Vaya tortazos le dieron a Rodolfito entre las dos señoras, sí que eran fuertes, no se pudo escapar y lo entregaron a los municipales que lo trajeron a la cárcel.

Día 1.564

Lo sabía. No podía ser de otra forma. Tenía que estar medio muerto. He preguntado por él a un preso de destinos y me lo ha confirmado: iba muy mal y la propia Guardia Civil lo ha trasladado urgentemente al hospital. Si vive, lo volverán a destrozar una y otra vez hasta que un día aparezca colgado en cualquier aislamiento. No creo que llegue a acabar de cumplir su condena que además hasta ayer, no era mucha. No puedo quitarme de los oídos el ruido de los palos contra un cuerpo inconsciente, no puedo quitarme de la mente la imagen de un cuerpo arrastrado por el pasillo.

Preso violento y peligroso para los carceleros y con los carceleros, preso serio y solidario en el trato que ha tenido conmigo. Callado, orgulloso de su raza, de su cultura, de su sentido del honor y de la hospitalidad: es de las montañas del Rif.

Los carceleros le desprecian, le atosigan, no le dejan tranquilo, y el que más le molestaba es uno de origen marroquí. Coincidencia o no tanto, Marruecos oprime al Rif y un español de ese origen le oprime a él.

Siempre está sancionado, unos meses en prisión y clasificado como inadaptado: no es fácil saltar de sus montañas a una celda de aislamiento.

Una hora de patio diaria y el resto encerrado. Una hora de patio y a él, qué mala suerte, siempre le toca a los ocho de la mañana. Había protestado varias veces, pero el horario lo ponen los carceleros.

Ayer a la misma hora le abrieron la puerta, pero rechazó su salida de la celda. Con otros guardias, otros días, había renunciado y no había sucedido nada: el salir al patio es un derecho y no una obligación. Ayer no fue lo mismo, ayer estaba de guardia el converso, el que tiene que ser más español que los españoles, el que lo tiene que demostrar sobre presos de otro país oprimido, el que oculta su origen: «No te puedes quedar, es obligatorio que salgas al patio..., y ...ahora». El rifeño se niega: «No saldré». El carcelero se va y vuelve con otros dos más: «Saldrás aunque no quieras», pero el rifeño continúa en la cama sin moverse. Entran en la celda, lo agarran con fuerza para arrastrarlo fuera, y el rifeño saca un cuchillo del colchón y antes de que reaccionen, su peor enemigo cae gravemente herido: le ha metido varias cuchilladas, alguna muy grave. Como pueden, los carceleros retroceden y salen de la celda cerrando la puerta y dejándole dentro.

He escuchado algún chillido, ruidos de puertas..., sucedía algo, pero no me había dado cuenta de la gravedad de la situación. Me la ha contado él mismo. Apenas se ha escuchado el portazo me ha llamado de ventana a ventana.

–Iñakiii...

–Dime, ¿Qué sucede?

–He «mojado» al «boqueras».

–¿Qué ha pasado?

–Que se me han echado encima para sacarme al patio, tengo un «baldeo» y les he «mojado».

–Y ya sabes que te van a venir ahora un montón de «boquis?», «¿No?».

–Sí.

–Puedo hacer algo por ti?

–No.

–Estate tranquilo, llamaré al juez intentaré hacer lo que pueda.

–Bien.

–Estate tranquilo y, si puedes, pide lo que necesites.

–Bien.

Han venido cantidad de carceleros, probablemente todos los del turno de guardia en la prisión. Han tapado las mirillas de todas las celdas para que no viéramos el pasillo repleto de pasos y voces. El olor a gas llena toda la galería: antes de entrar lo asfixiarán para inmovilizarlo. Abren la puerta y entran. Golpes..., ruidos..., chillidos... Otro compañero y yo llamamos a los carceleros pero no los distraemos, ni se preocupan por nosotros, están cebados en su presa. Tras un tiempo interminable, se hace el silencio: se han ido. Le llamo.

–¿Qué tal estás?

–Bien.

–¿Te han sacudido mucho?

–Un poco.

–¿Cómo estás?

–Han vaciado la celda, se han llevado todas las cosas, también el colchón, Yo estoy desnudo y esposado de pies y manos a la cama.

–¿Totalmente desnudo?

–Sí.

–«Escucha, vamos a poner un telegrama urgente al juez de Vigilancia Penitenciaria, vamos a escribir a todos los organismos que podamos, vamos a llamar al jefe de Servicios, vamos a movernos lo que podamos, estate tranquilo vale?

–Bien.

Aporreamos las puertas, llamamos a los carceleros, pero ninguno aparece para hablar conmigo ni con mi compañero. Vienen al cabo de dos horas, pero a la celda del rifeño. Entran y retornan los golpes, los gritos..., los portazos y se van. Le llamo:

–¿Te han vuelto a sacudir fuerte? ¿No?

–Sí.

–¿Mucho?

–¡Bahhh!

Ya no sé qué decirle. Estúpidamente le vuelvo a tranquilizar. La impotencia es total. Los carceleros pasan de nosotros. No acude nadie a nuestros golpes a la puerta ni llamadas..., y van pasando las horas.

El día continuó sin más «visitas». Cuando a los demás presos nos sacaron la hora de patio por la tarde, los carceleros no querían saber nada de lo sucedido por la mañana: le dieron de comer, le visitó el médico, y aunque esposado le habían dejado vestirse y se encontraba tranquilo. Durante el reparto de las comidas aprovechamos para entregar todas las denuncias, a todas las direcciones, que en ese tiempo habíamos sido capaces de hacer. Inocentemente pensamos que habían terminado los golpes, y el rifeño continuaba diciendo que se encontraba bien. Nunca diría que estaba mal.

De madrugada, somnoliento tras el día de tensión, empecé a escuchar voces que se acercaban a lo lejos, pasos aproximándose, e inmediatamente volví a la realidad: los palos no habían terminado.

Abren su puerta, entran, chillan, insultan... y una novedad: ¿es ruido de agua? Sí... es ruido de agua. Lo despiertan echándole baldes de agua por encima. Cuando se van me lo confirma, pero su voz es más débil, sus chillidos menos potentes, me cuesta entenderle: está esposado, apaleado, otra vez desnudo, y ahora mojado. Con dificultades en su hablar continúa diciendo que está bien.

Ya no duermo. Seguro que volverán. Tomaré todos los hechos y horas con detalle para aportar a las denuncias.

A las tres y cuarto de la madrugada regresan: voces, palos, y agua.

A las 4.20 lo mismo: golpes, agua. Le llamo y únicamente contesta con hilo de voz: «Estoy bien». En ese «estoy bien» ha gastado sus últimas fuerzas.

A las 5.45 vuelven: silencio. Entran. No hay voces. No hay gemidos. Sólo escucho el agua y golpes sobre un cuerpo inmóvil. Me viene el recuerdo de los sacos de trigo donde pasaba los veranos en la infancia. El sonido de los golpes es igual al producido por los puñetazos dados a un saco repleto de grano.

El rifeño no vuelve a hablar: por lo menos inconsciente no notará los golpes.

Vuelven a «visitarle» a las 6.12 y 7.05h.: agua y golpes sobre un cuerpo inerte.

Han preparado una conducción especial para llevarlo a otra cárcel donde podrán seguir apaleándole. A media mañana han vuelto para llevárselo. La mirilla estaba abierta y por un momento lo he visto al pasar: varios carceleros daban escolta a dos presos de destinos que llevaban un cuerpo colgando de los brazos.

Me han contado el final: en la puerta de la cárcel al comprobar la Guardia Civil su estado se han negado a hacerse cargo de él y trasladarlo a otra prisión. Se lo han llevado, pero directamente al hospital.

Ahora se estará recuperando, cogiendo fuerzas para lo que le espera, y seguro que a quien le pregunte le contestará: «Estoy bien».

Día 0369

Bagera!
Gu ere bai
gu beti pozez, beti alai!
Sebastian bat bada zeruan
Donosti bat bakarra munduan
hura da santua ta hau da herria
horra zer den gure Donostia!

No he conseguido encontrar ninguna emisora que conecte con la tamborrada y el cassette no me lo autorizan. La tengo que cantar yo sólo y a pleno pulmón.

¡Qué barbaridad! Qué mal canto; pero a pesar de ello escuchándome, la emoción me invade, los escalofríos recorren mi cuerpo, las lágrimas no dejan de brotar de mis ojos. Es mi primera víspera de San Sebastián en la cárcel, la fiesta que más dentro llevo, un día que es más que una fiesta y por la que siempre sentiré lo mismo. Hace años que no puedo estar en la Consti, pero siempre, donde haya estado la he celebrado. No... no... es verdad... un año no. El pasado me olvidé de ella. Estaba en comisaría, y entre interrogatorio e interrogatorio, no supe en qué día vivía. ¡Cómo me pudo pasar!

Irutxuloko gaztelupeko
Josemaritar zahar eta gazte
Josemaritar zahar eta gazte
Kalerik kale danborra joaz
umore ona zabaltzen hor dijoaz
Josemari!

Espero que hayan tirado huevos al alcalde: es imprescindible, es una cuestión de higiene social. A la autoridad siempre hay que tirarle huevos.

En estos años de ausencia, la fiesta ha ganado todavía más, mucho más: las mujeres participan en las tamborradas.

La plaza estará abarrotada. Carteles en las paredes, pancartas de balcón a balcón, fotos de presos portadas por familiares. Donostia es una fiesta... pero incompleta.

Gaurtandik gerora penak zokora
Festara! Dantzara!
Donostiarrei oihu egitera gatoz
pozaldiz!
Inauteriak datoz!

Llegará el verdadero día grande de Donostia y de Euskal Herria cuando entre la muchedumbre no haya txakurras camuflados, ni banderas ajenas, ni presos en las cárceles, ni personas que entre tanta fiesta no pueden pagarse la cena.

Cantando y tamborileando en la mesa ha venido el carcelero. Que si me pasa algo, pregunta: «No nada... estoy de fiesta». Me dice que me calle. Canto y aporreo con más ganas el tambor de mi mesa. Mientras se iba me parece oírle que me sancionarán. ¡Pobre idiota! No entiende nada. Qué sanción me puede importar si esta noche no pudiera celebrar la víspera de San Sebastián.

Bagera!
Gu ere bai
Gu beti pozez, beti alai!

Epílogo

La sentencia es de 10.950 días, y si tú te has cansado leyendo el libro, imagínate cualquier preso político vasco viviéndolo.

Esteban Esteban Nieto murió el 26 de septiembre de 1999, tras una vida dedicada a la lucha por la independencia y el socialismo, después de 4.463 días en prisión y 170 fuera de ella.

Los jóvenes, en quienes tenía depositada su ilusión y confianza, deben recoger el testigo.

Anexo 1
Hipocresía

(Colaboración publicada en el diario *Egin* el día 6 de abril de 1998)

La Guardia Civil, la Policía Nacional, la Ertzaintza, no se alegran, ni se felicitan, ni se abrazan, cuando asesinan a un militante de ETA. Se llevan unos disgustos tremendos.

El PNV no apoyó ni apoya la dispersión del colectivo de presos políticos vascos.

Los diputados, incluidos los de Izquierda Unida, no sonreían, ni daban palmadas en la espalda a Barrionuevo, en los pasillos del Congreso, cuando se producía algún atentado del GAL.

En el Estado español no existe la extrema derecha, ni el ultranacionalismo uniformista, sólo hay centro político.

Los torturadores que excepcionalmente son llevados ante los tribunales no son absueltos, ni indultados, ascendidos y condecorados.

Los procesados del GAL no tienen privilegios y están en la cárcel, dispersados y en aislamiento.

Las familias de los compañeros muertos no son humilladas, maltratadas, ni apaleadas, hasta en el interior de los cementerios.

La dispersión penitenciaria no está hecha y pensada como pena añadida a la condena. Es para que se sea libre dentro de la cárcel.

En los interrogatorios policiales, esposados, encapuchados y rodeados de múltiples torturadores, somos bien tratados, y las declaraciones contra uno mismo se hacen por propia voluntad.

Décadas de celdas de aislamiento no son venganza, es terapia individualizada.

Quien, desde la cobardía del anonimato y detrás de la mesa de un despacho, planifica fríamente el método idóneo de destrucción de los presos no es un psicópata repleto de odio, es un ejemplar funcionario de la Administración.

Los herejes-terroristas no tenemos sentimientos, ni piedad, ni compasión, ni familia, ni hijos, ni derechos, ni ideas, ni proyecto político. Nuestra finalidad es matar, cobramos por ello y vivimos espléndidamente. Incluso Artapalo tiene un chalet en Suiza.

Las compañeras detenidas, como castigo por ser mujeres, no tienen que sumar a las habituales torturas y malos tratos las vejaciones sexuales.

El PNV no encubrió ni colaboró con el GAL, ni boicoteó las conversaciones de Argel por sus intereses partidistas.

El Estado no utiliza sus propios muertos, ni manipula colegios, niños y sentimientos nobles prostituyéndolos para atacar al MLNV.

No hay censura ni manipulación informativa. Los medios de comunicación no crean falsas noticias, informan objetivamente y no se utilizan como arma contra el independentismo.

El Ministerio del Interior no insulta a la inteligencia de la ciudadanía. El Ministerio del Interior es el más popular de todos los ministerios.

El «Espíritu de Ermua» es una manifestación popular espontánea.

Trebiño no puede ser Araba ni con un referéndum, pero Euskal Herria puede ser independiente por vías pacíficas dentro de la Constitución española.

Los jueces no prevarican ni están al servicio del poder político-militar.

No es cierto que tras décadas de represión se les haga insoportable que no doblemos las rodillas. No es cierto que desconozcan lo que es la dignidad.

No se vulneran los derechos de los presos, ni siquiera el de la intimidad, ni se publica nuestra correspondencia íntima, parcial o totalmente manipulada.

Veinte millones de votantes españoles no apoyaron a los partidos organizadores y encubridores del GAL, y no reprocharon al Ejecutivo el haber hecho una chapuza en lugar de haberlo hecho bien.

No es cierto que quien contrata mercenarios para que hagan los trabajos sucios sea, además de un asesino, un cobarde.

De forma mayoritaria, la población española no se alegra de la muer-

te de un militante de ETA, *ni de la dispersión, ni de nuestro sufrimiento y el de nuestras familias.* No *pide «más mano dura», ni más prisión, ni más condena, ni más cárcel para los jóvenes, ni más leyes contra el* MLNV.

Los «intelectuales» vascongados, autotitulados como las cabezas mejor amuebladas de las Vascongadas, *insignes apologistas de la paz, no recurren a argumentaciones político-filosóficas para negar el diálogo y la reconciliación.*

En España *no existe sentimiento antivasco, ni el mismo se manifiesta constantemente ante cualquier situación.*

Los patrones no cambian fría y calculadamente vidas de trabajadores por beneficios empresariales.

No *es cierto que cuando el* Estado *asesina, tortura, persigue, reprime o violenta, se felicite, ni lo haga para mantener los privilegios de unos pocos. Lo hace asépticamente y por el bien común, por razones de* Estado.

España *es un país democrático y de derecho, en él los ciudadanos son iguales ante la ley, solidarios, libres, tolerantes, demócratas de toda la vida, cultos, felices y respetuosos con la voluntad de los demás; un ejemplo para el mundo. Además es donde más y mejor se vive, y para colmo, la dieta mediterránea es insuperable y la selección española de fútbol va a ser campeona del mundo. El único problema, ya en trance de solución, es el de las tribus bárbaras del* Norte *y el régimen de barbarie asesina que quieren imponer contra la voluntad de la mayoría. Ni los caseríos quedarían en pie si las hordas rojo-separatistas tomaran el poder. Los españoles tienen la obligación de salvar la civilización e impedir a toda costa que* Euskal Herria *cometa el error de manifestarse en un referéndum sobre su futuro. Hay que tutelar a los vascos: como pueblo primitivo, todavía son menores de edad.*

No *es de extrañar que en un* Estado *regido por tan altos principios éticos y morales, los que decimos lo que pensamos y hacemos lo que decimos seamos unos bestias.* En *cualquier caso, es un placer ser un bestia para el enemigo. Lo realmente preocupante sería que nos pusieran como ejemplo de sus valores: la corrupción, el individualismo, la demagogia, la falsedad, la cobardía, el imperialismo, la sumisión al poder... Lástima que en semejante paraíso tampoco se respeten unos mínimos derechos para la bestia.*

Iñaki de Juana Chaos. Preso político vasco en Melilla

Anexo 2
Conversaciones de patio

(Colaboración publicada por el diario *Egin* el día 1 de junio de 1998)

Escuchemos por un agujerito lo que hablan dos presos dando vueltas a un pequeño patio de aislamiento:

–Buenos días, político.

–Hola. ¿Te pido un café?

–Mejor cómprame tabaco.

–Bueno... te pago el café y el tabaco.

–Tú llevas mucho en el talego, ¿no?

–No. Mucho no. Cerca de doce años.

–¡Joder! ¿Y siempre en aislamiento?

–Casi siempre.

–¿Y eso?

–Así son las cosas...

–Yo no aguantaría.

–Bueno..., si tienes la cabeza bien y las cosas claras, es muy fácil aguantar.

–En la radio os están poniendo a parir...

–Es normal, para eso les pagan.

–¿No te importa?

–No.

–Yo no entiendo toda esta historia vuestra.

–Pues es muy sencilla. Tú pregunta, que yo te explico.

–¿Qué es lo que queréis los vascos?

–Depende, no todos los vascos opinamos igual, pero la mayoría de los vascos lo que queremos es ser vascos.

–No entiendo. Ahora ya podéis ser vascos, ¿no?

–Pues no. Ahora somos vascos por múltiples razones y sobre todo por un sentimiento y una convicción íntima que nadie nos puede arrancar, pero políticamente sólo podemos ser vasco-españoles o vasco-franceses.

–¡Ah! Ya... vosotros queréis vivir los vascos solos y separados de los españoles y de los franceses...

–Como te decía, hay quienes queremos ser independientes y hay quienes no lo quieren ser.

–¿Y qué sucede con el que no quiere serlo?

–Pues nada, que se le respeta igual, siempre y cuando él respete a los que queremos serlo.

–¿Y por qué matáis pikolos?

–Diciéndotelo de forma muy sencilla, te explicaré que nosotros no empezamos la pelea. Históricamente, y en diferentes fases, el Estado ha desatado una violencia brutal para que los vascos dejemos de serlo y para que seamos asimilados. Ante esa violencia nosotros también nos hemos ido adaptando a cada fase represiva, y respondiendo con otra violencia defensiva.

–¿Y esa violencia se puede acabar?

–Claro, es muy sencillo.

–¿Cuándo?

–Hoy mismo.

–¿Cómo?

En cuanto se respete la voluntad de los vascos y podamos decidir nuestro futuro.

–¡Explícamelo mejor!

–Mira, la cuestión es clara. Las decisiones que afecten a los vascos únicamente las hemos de tomar los vascos. Jamás y te aseguro que jamás, aceptaremos que nuestros asuntos los decidan en Madrid o París, por los intereses que les benefician a ellos pero no a Euskal Herria.

–Y eso, ¿ya lo van a aceptar en Madrid o en París?

–Si no lo aceptan ahora lo harán dentro de cien años. Mira, unas décadas es mucho para la vida de una persona, pero no es nada para la historia de un pueblo.

–¿Cuándo lo aceptarán?

–Los poderes del Estado no entienden de sentimientos ni de razones. Únicamente reaccionan ante intereses políticos y económicos. Lo que te quiero expresar es que sólo se solucionará cuando al Estado le resulte más rentable buscar la paz que continuar con la guerra.

–Y eso, ¿cómo se consigue?

–Haciéndoles insostenible la guerra.

–O sea, que tú no lo vas a ver...

–Lo importante es, seguir el camino correcto, es como una carrera de relevos que aunque no veas la meta sabes que está al final. Otros llegarán y tu equipo ganará.

–Pero has dicho que se puede solucionar hoy mismo.

–Por nosotros sí.

–¿A ti te gustaría que se solucionase?

–Puede que muchas personas tengan las mismas ganas que yo de que se solucione, al menos en esta etapa tan dura, pero te aseguro que no hay nadie que lo desee más.

–¿Y tus compañeros?

–Todos igual. Nadie desea más la paz que quienes sufrimos directamente las consecuencias de la guerra.

–¿Desde cuándo estáis peleando?

–Desde siempre.

–¿Hasta cuándo vais a pelear?

–Hasta que democráticamente se respete la voluntad de los vascos.

–¿Y si no la respetan nunca?

–Pelearemos siempre. Hasta el último suspiro.

–Pero... os encarcelan y os matan...

–Claro. Eso lo sabemos todos desde que te comprometes a luchar, pero también que otro vendrá y cogerá el testigo.

–¿Qué harías si se solucionase?

–Irme a casa.

–Después de tanta lucha, esperaréis algún privilegio...

–Sí, muchos. Bañarnos en el mar, pasear por los montes de Euskal Herria *y ver la alegría de un pueblo que ni es mejor ni es peor que los demás. Sólo es nuestro.*

–Y los que ahora se oponen a la solución, ¿qué harán entonces?

–Entonces serán los que de toda la vida querían resolver el conflicto. Incluso les propondrán para el Premio Nobel *de la* Paz*.*

–A Atutxa, a Mayor Oreja *y demás, ¿les odiáis?*

–¡Qué va! Cuando te están puteando mucho y te sientes muy presionado, como válvula de escape puede parecer que tenemos odio, pero no creo que sea ése el sentimiento exacto.

–Entonces *¿cuál es?*

–Te lo explicaré con un ejemplo: Un *gusano da asco, rechazo, incluso pena porque tenga que vivir siempre arrastrado para comer, pero no se le puede odiar ni aunque lo quieras.* Pues *es algo parecido.*

–¿Se podrá perdonar?

–Jamás perdonaremos ni olvidaremos lo que nos están haciendo, pero somos generosos y tendrá que llegar el día en el que vivamos sin agredirnos.

–Pero hay una Constitución, *¿no?*

–Sí... que fue rechazada por los vascos.

–¿Por qué no la queréis?

–Lo primero porque fue hecha y aceptada por y entre españoles, para los intereses del Estado *español, y precisamente en parte para impedir a los vascos ser vascos.* Y *antidemocrática porque por encima de la voluntad popular, faculta al* Rey *y al* Ejército *para imponer su concepto de* Estado.

–Pero, hay unas leyes, un sistema judicial...

–¿Tú crees que hay eso? Mírate. Te *han apaleado los carceleros y además te han traído a aislamiento y sancionado diciendo que les has pegado tú.*

–No, ya, pero bueno...

–Se nos ha impuesto un sistema judicial extranjero e ilegítimo, cuya principal finalidad es privarnos de nuestros derechos como personas y como pueblo.

–¿Qué es eso de la autodeterminación?

–Es el derecho por el cual un pueblo puede decidir libremente sobre su futuro.

–¿Quién lo tiene que dar?

–Nadie. Es un derecho que tiene todo pueblo.

–Tú dices lo de la voluntad popular, pero la mayoría de la población vasca está en contra de los atentados...

Simplificando el asunto, pues sí... Pero también la mayoría de la población vasca está a favor del Derecho de Autodeterminación, o de la repatriación de los presos, o del desarme, o de no estar en la OTAN, o contra la tortura, o de otras muchas cosas, y por encima de la voluntad popular se impone la arbitrariedad e intereses de quienes cada cuatro años renuevan y se reparten su poder dictatorial.

–¡Ah! Oye, a vosotros os pagan por estar en ETA ¿no?

–Je, je. No, hombre, al contrario. No sólo no nos pagan sino que todo lo que tenemos lo compartimos y lo ponemos al servicio de la lucha.

–Pues vaya negocio...

–Ya, sí, como negocio es muy malo.

–Y eso de respetar la voluntad de los vascos, ¿cómo se puede hacer?

–Pues es fácil. Tiene que haber mecanismos políticos e institucionales que den cauce a que esa voluntad pueda hacerse efectiva y sea respetada.

–Y vosotros, ¿respetaríais cualquier decisión que se tomara entre los vascos, aunque no os guste?

–Por supuesto.

–Eso se dice fácil ahora, pero ¿qué garantías hay?

–La garantía es nuestra propia esencia democrática. Te lo explico mejor: toda nuestra pelea se legitima y está fundada en la necesidad de respetar la voluntad del pueblo vasco: sin presiones ni injerencias. Ése es nuestro convencimiento y sentimiento más profundo. Si expresada esa voluntad de una forma libre y democrática nosotros no la respetásemos, no sólo quedaríamos deslegitimados socialmente, sino que iríamos en contra de nuestra propia esencia, y eso es imposible.

–¡Por fin lo entiendo! A ver, o sea. Se pregunta a los vascos, y sólo a los vascos lo que queréis, y ello libre y democráticamente. Se respetan por todas las partes las decisiones y... ¿ya está?

–Sí. Ya está

–¿Así de fácil?

–Sí. Así de fácil.

–Pues oye, cuando salga a la calle a ver si me encuentro con Mayor Oreja *y le explico la situación.*

–No, si él ya la sabe.

–¿Entonces?

–Eso ya es más complicado de explicar.

–Pues mira, ahora te entiendo a ti, pero no le entiendo a Mayor Oreja.

–Yo sí que le entiendo, pero eso se lo tendrás que preguntar a él y verás con qué desfachatez te explica el conflicto.

–Ya está el carcelero llamándonos.

–Sí, se ha terminado la hora de patio. Habrá que escuchar las tertulias radiofónicas en el txabolo, que ellos cobran por explicarnos entre babeo y babeo lo complicado que es el problema.

–Hasta mañana, político.

–Sí... hasta mañana.

Iñaki de Juana Chaos
Preso político vasco en la cárcel de Melilla

Anexo 3
Concluyendo

(Colaboración publicada en el diario *Egunkaria* el día 27 de enero de 1999)

Al comenzar a escribir esta carta me invade cierto pudor -por no decir verdadera vergüenza- de que mi nombre aparezca en letra impresa por motivo de traslados, aislamientos, palizas, huelgas de hambre... o todo a la vez.

También se me ha pasado por la mente echar tierra sobre mi última vivencia en las cárceles de la democracia pero soy consciente tanto del interés que gran parte de la sociedad vasca tiene y demuestra por cuanto aquí dentro sucede, como del mecanismo de autodefensa que la propia denuncia supone. Así pues, ahí va el relato de unas Navidades de cualquier miembro del Colectivo de Presos Políticos Vascos.

Nos encontrábamos Esteban y yo en la prisión de Valdemoro por un doble motivo, judicial y de asistencia sanitaria, cuando, por sorpresa, el sábado día 26 de diciembre, nos comunicaron que partíamos «en conducción» hacia Puerto de Santa María, dentro del conocido Plan de Acercamiento español.

Preparamos las cosas, no muchas, máximo una bolsa. Departamento de Ingresos. Domingo, furgón. Pernocta, en Córdoba. Furgón. Pernocta en Puerto 1. Departamento de Ingresos. Martes, al módulo. Cacheos. Pertenencias mínimas, frío, terrible humedad: lo habitual. Pero todo eso queda compensado con el alegrón del reencuentro con otros cuatro compañeros, también «acercados». Saludos, alegría. Cuatro horas de patio diarias, a dos turnos de tres compas.

Tarde del 31 de diciembre. Nos corresponde salir de la celda a Jon (Tapia), Esteban (Nieto) y a mí. Al poco de bajar al patio, me acerco al recinto de los carceleros para entregar unas instancias. ¡Casualidad!, en un módulo donde siempre hay cinco o seis carceleros que permanentemente nos observan, en este momento no hay ni uno solo. Espero, prácticamente pegado a la puerta de barrotes, a que aparezca alguien. Miro hacia el otro lado, al recinto de ellos, pero tampoco veo a nadie. Aguardando en esta posición, recibo un fortísimo golpe en la espalda, entre los omoplatos, a cuya consecuencia se me queda incrustada la cara entre los barrotes de la puerta. Caigo redondo.

Posteriormente debí de recibir algún otro golpe, pero no me enteré. Estaba aturdido. Recuerdo que me ayudaron a levantarme, rodeado por la presencia protectora de mis compañeros y algún preso social. Vimos que al agresor le franqueaba la puerta un carcelero, que para entonces había acudido a su puesto, y desapareció. No le volvimos a ver.

Tenía yo la frente destrozada y toda la parte lateral de la cabeza deformada. Subí al recinto de los carceleros. A pesar de que creía conocer desde hacía años a esos humanoides, inocente de mí, pensé que iban a interesarse por mi situación. ¡Sorpresa! Lo que allí había eran dos jefes de servicio y seis u ocho carceleros sin rango que me llevaron a empujones por los pasillos, en medio de gritos, provocaciones y desprecios, a una celda de aislamiento, donde me desnudaron.

Se me aislaba, provisionalmente, porque me había peleado. A las dos horas apareció el médico, me vio y exclamó: «¡Vaya golpe!». A las ocho de la noche me volvió a reconocer. A las once y media me sacaron al hospital. La Guardia Civil y el personal sanitario, correctos. Escuché las campanadas a golpe de radiografía. No tenía nada roto. Seguir esperando y ver evolución. Alguien comentó que si el golpe hubiera sido algo más lateral, me hubiera quedado en el sitio.

No conocía al agresor, ni me había fijado en él. Ahora ya recordaría su cara. Los testigos me han contado posteriormente que es marroquí. Alto. Le trajeron al módulo el mismo día que llegamos Esteban y yo, o la víspera. No trataba con nadie. Cuando me encontraba solo, de espaldas a él, junto a la puerta de los carceleros, tomó carrera desde lejos y saltó, intentando darme una patada en la parte posterior de la cabeza y hundírmela así contra los barrotes. Afortunadamente, me dio más abajo. Como hay docenas de testigos y la versión «oficial» de la pelea no cuaja, se impone la hipótesis de que el agresor está loco.

Curioso loco y locura de quien elige a alguien desconocido -¡y me toca a mí!-, sin mediar palabra, espera a que esté solo, de espaldas, y le ataca intentando romperle la cabeza. Curioso loco y locura, que no dio muestra alguna de agresividad contra otros presos, ni de nerviosismo durante y después del ataque. Ni siquiera se enfrentó a mis compañeros o a los presos sociales. Sólo le interesaba yo. Quizá esté loco pero, si no lo está, se podrán sacar conclusiones.

Particularmente, no tengo ninguna duda. Si en algún momento se me plantea, pienso en el comportamiento de los carceleros durante y tras la agresión e inmediatamente queda despejada dicha duda.

¿Por qué será que constantemente me viene a la cabeza un recuerdo? Hace unos años, en esta misma prisión, les propusieron a unos presos sociales que atacasen a un compañero nuestro. Ellos nos lo comunicaron y lo denunciamos. Aquellos, como la mayoría de los presos sociales, tenían claro quién era el enemigo.

Desde el mismo momento de la agresión y el trato recibido por los carceleros, me declaré en huelga de hambre. No por ninguna reivindicación en concreto, sino para denunciar esta brutal situación.

Iñaki de Juana Chaos
Euskal Preso Politikoa

Colección «ORREAGA» Saila

1. ETA. *Historia política de una lucha armada* / Luigi Bruni.
2. EUSKADI. *La renuncia del* PSOE
   Tasio Erkizia, Martín Garitano, Esteban Baigorri, José Luis Cereceda, José Antonio Egido, Justo de la Cueva. Prólogo de Javier Sádaba.
3. *La escisión del* PNV / Justo de la Cueva.
4. *La Autovía en el Espejo* / Jonan Fernández.
5. *Herrera. Prisión de guerra* / Anjel Rekalde.
6. *Foz de Lumbier. Antecedentes y crónica de unas ejecuciones*
   Ricardo Zabalza. Prólogo de Patxi Larrainzar.
7. *El* GAL *o terrorismo de Estado en la* Europa *de las democracias*
   C.E.D.R.I. Prólogo de Denis Langlois.
8. *Pega, pero escucha* / Patxi Larrainzar.
9. *Operación Mendi* / Manuel Blanco Chivite.
10. *La Cloaca Vasca. De las razones de Estado a los sumideros de Euskadi* / Pepe Rei.
11. *Gudari: Una pasión útil. Eli Gallastegi* (1892-1974).
    José María Lorenzo Espinosa.
12. *Adiós Monseñor* / Patxi Larrainzar.
13. *Dorregarai. La casa torre* / Anjel Rekalde.

14. *Ertzantza: ¿Héroes o villanos? Pasado y presente de la Policía Autónoma vasca* / Txema Ramírez.

15. *Los días de Argel. Crónica de las conversaciones* ETA-*Gobierno Español.* / Iñaki Egaña-Giovanni Giacopuzzi.

16. ETA *Historia política de una lucha armada. 2ª parte*
Giovanni Giacopuzzi.

17. *Por la libertad vasca* / Eli Gallastegi, *Gudari.*

18. *Viaje a la nada. Principio y fin de Euskadiko Ezkerra*
José Antonio Egido.

19. *El Desertor* / Patxi Larrainzar.

20. *La Red Galindo* / Pepe Rei.

21. *En estas casas ya se sabe* / Álvaro Reizabal.

22. ¡SECUESTRADOS! 117 *días en la encrucijada vasca*
Ricardo Zabalza.

23. TXABI ETXEBARRIETA. *Armado de palabra y obra*
José María Lorenzo Espinosa.

24. EL NUDO CORREDIZO. *Euskal Herria bajo el primer franquismo*
Javier Sánchez Erauskin.

25. *El jesuita* / Pepe Rei.

26. FÉLIX LIKINIANO. *Miliciano de la utopía*
Pilar Iparragirre Lazkano.

27. *Sombras del alba* / Anjel Rekalde.

28. *Regresar a Sara. Testimonio de un deportado vasco*
Alfonso Etxegarai.

29. *Carabanchel* / Pepe Rei.

30. *Tomo III. Historia de Euskal Herria. El nacimiento de una nación*
José M.ª Lorenzo Espinosa.

31. *Tomo II. Historia de Euskal Herria. Del hierro al roble*
Xosé Estévez.

32. *Tomo I. Historia de Euskal Herria. Los vascos de ayer*
José Luis Orella.

33. *Potosí. Andanzas de un navarro en la guerra de las naciones*
José Mari Esparza.

34. *Diccionario histórico-político de Euskal Herria II. Tomo I*
Iñaki Egaña.

35. *Diccionario histórico-político de Euskal Herria II. Tomo II*
Iñaki Egaña.

36. *Intxaurrondo, la trama verde* / Pepe Rei.
37. *Carta a un fantasma* / Iñaki Gonzalo Casal.
38. *Marc Légasse. Un rebelde burlón* / Amaia Ereñaga.
39. *Mugalaris. Memoria del Bidasoa* / Anjel Rekalde.
40. ETA *pm. El otro camino* / Giovanni Giacoppuzzi.
41. *Deportación. El mal menor* / Pilar Iparragirre.
42. *Francia y la cuestión vasca* / Patrick Cassan.
43. *Colegas* / Pepe Rei.
44. *Regreso a las armas* / Andrés Sorel.
45. *Diario inédito* (1941-1942) / José Antonio de Aguirre.
46. *Egin. Investigación. Otra forma de periodismo* / Pepe Rei-Edurne San Martín.
47. *Mario Salegi. La pasión del siglo* XX / Iñaki Egaña.
48. *El caso Galíndez. Los vascos en los Servicios de Inteligencia de* EEUU Manuel de Dios Unanue.
49. *Garzón. La otra cara* / Pepe Rei.
50. *Argala* / Iker Casanova y Paul Asensio.
51. *El hijo de Juanita Gerrikabeitia* / Jon Idigoras.
52. *Días.* / Iñaki de Juana Chaos.

Aurkeztu dizugun liburuaren edukia, itxura edo inprimaketari buruzko iritzirik izatekotan, bidal iezaguzu; zinez eskertuko dizugu.

La Editorial le quedará muy reconocida si usted le comunica su opinión acerca del libro que le ofrecemos, así como su presentación e impresión. Le agradecemos también cualquier otra sugerencia.

EDITORIAL TXALAPARTA S.L.
Navaz y Vides kalea 1-2
78. Postakutxa
31300 TAFALLA
Nafarroa
Tfnoa.: 948 703934
Faxa: 948 704072
txalaparta@txalaparta.com
http://www.txalaparta.com

Este libro,

Días,

Se terminó de imprimir en marzo de 2000,
en los talleres de Gráficas Lizarra
sobre papel ahuesado de 90 g./m².
Utilizándose para su composición
la versión para fotomecánica del tipo Novarese
creado por Aldo Novarese en 1980.